Karl Alt

Schiller und die Brüder Schlegel

Verlag
der
Wissenschaften

Karl Alt

Schiller und die Brüder Schlegel

ISBN/EAN: 9783957008695

Auflage: 1

Erscheinungsjahr: 2016

Erscheinungsort: Norderstedt, Deutschland

Hergestellt in Europa, USA, Kanada, Australien, Japan
Verlag der Wissenschaften in Hansebooks GmbH, Norderstedt

Cover: Tizian "Ländliches Konzert "

Schiller

und die

Brüder Schlegel

Von

Dr. Carl Alt

Privatdozenten für deutsche Philologie
an der Großherzoglich Hessischen Technischen Hochschule zu Darmstadt

Weimar

Hermann Böhlaus Nachfolger

1904

Vorwort.

Unter dem Eindruck der letzten Entwicklungsphase der
Romantik hatte man sich in den vierziger Jahren des 19. Jahr-
hunderts daran gewöhnt, romantisch und reaktionär für gleich-
bedeutend zu halten. Diese Auffassung zu berichtigen, schrieb
Hettner sein Buch: „Die romantische Schule in ihrem inneren
Zusammenhange mit Goethe und Schiller" (1850). Im „falschen Idealismus", den er auf die Ungunst der politischen
Verhältnisse zurückführt, sieht Hettner das Gemeinsame von
Klassizismus und Romantik (S. 13 ff.); den Unterschied aber
bezeichnet er so: „Goethe und Schiller flüchten aus ihrer
Wirklichkeit, aber nicht aus der Wirklichkeit überhaupt ....
[die Romantiker] verlassen aus Verzweiflung über die empirische Natur, die sie umgibt, Natur und Wirklichkeit ganz und
gar; sie suchen nicht aus dieser zu schöpfen, sondern kämpfen
mit der Imagination gegen sie." (S. 28 f.) Behandelt Hettner
vorwiegend die romantische Dichtung, so gibt Lotze in seiner
Geschichte der Ästhetik (1868) beachtenswerte Winke über
das Verhältnis der romantischen Kunsttheorie zu der der Klassiker; er erkennt die Verwandtschaft der „Ironie" mit Schillers
Spieltrieb, findet den Unterschied aber nur darin, daß die neue
Schule die Markungen nicht achtete, durch die Schiller das
Spiel mit dem schönen Schein eingegrenzt hatte (S. 370 f.).
Natürlich blickt Haym — wie gelegentlich auch Dilthey[1] — in
seinem grundlegenden Werk über die Romantik auch oft auf
die Theorie der Klassiker hinüber und liefert wertvolle Beiträge

---

[1]) Leben Schleiermachers, S. 262 f.

zu dem Kapitel „Schiller und die Brüder Schlegel“, soweit das im Rahmen einer Gesamtdarstellung möglich ist. Wenn mir trotzdem eine Spezialuntersuchung nicht überflüssig schien, so war für mich in erster Linie bestimmend, daß die Frage in letzter Zeit wieder aufgerollt ist und zu einer literarischen Fehde Anlaß gegeben hat. Otto Harnack nämlich warf in seinem Buch über „Die klassische Ästhetik der Deutschen“ den Brüdern Schlegel vor, sie hätten durch ziellose Selbstgefälligkeit und gewissenlose Geistreichigkeit die Wirksamkeit der Schillerschen Ästhetik beeinträchtigt (S. 35), hatte aber dabei bereitwillig ihren weiteren historischen Gesichtskreis anerkannt (S. 33). Ihm gegenüber hat dann Minor[1], Ergebnisse eines älteren Aufsatzes[2] wiederholend, auf vielfache Übereinstimmungen der Klassiker und Romantiker und — für mich nicht in allen Punkten überzeugend — auf Rückwirkungen hingewiesen, die Goethe und Schiller von seiten der Romantik erfuhren. Harnack replizierte[3], worauf Walzel, einiges modifizierend, im Sinne Minors das Wort ergriff[4] und den Gegensatz zwischen Schiller und den Schlegel fast ausschließlich auf persönliche Differenzen zurückzuführen suchte. Nun ist Minor und Walzel ohne weiteres zuzugeben, daß die Ansichten der Schlegel, besonders in den Anfängen ihrer schriftstellerischen Tätigkeit, in vielen Beziehungen noch denen Goethes und Schillers nahestehen, auch daß in einigen Punkten eine Rückwirkung stattgefunden hat — um so schärfer aber muß der Punkt bezeichnet werden, wo die Romantik sich vom Klassizismus loslöst. Dazu einen Beitrag zu liefern, ist die Absicht der vorliegenden Arbeit, bei der ich bemüht war, mir ein Wort Scherers stets vor Augen zu halten: „Wer nicht begreift, daß die Einschnitte der Epochen in der Darstellung zugleich scharf hervorgehoben und andrerseits doch wieder verwischt werden müssen, der kennt weder das Leben noch die Geschichte.“[5]

---

[1]) GGA. 1892, S. 657. — [2]) Goethe-Jb. 10, 212. — [3]) AZg B. 1892, Nr 298.
[4]) VossZg B. 1893, Nr. 41/2. — [5]) Gesch. d. deutschen Lit.[6] 754.

Die neueste Darstellung der Romantik von Ricarda Huch, ein Buch, das auf eingehenden Studien und liebevollem Versenken in den Geist der Romantik beruht, durch glänzende Charakteristiken und viele feine Bemerkungen ausgezeichnet ist, leidet daran, daß die Verfasserin mit der vorromantischen Literatur nicht in gleicher Weise vertraut ist wie mit dem von ihr geschilderten Zeitraum. Ich lasse es dahingestellt, wie weit es zutreffend ist, wenn sie die Romantiker als Entdecker des Unbewußten feiert (S. 83), aber jedenfalls ist es nicht richtig, wenn sie sagt: „Die Romantiker hatten das Verdienst einzusehen, daß die Erkenntnis, die die Einheit der Natur zerstörte, dennoch ihr Heil und das Mittel zu einer Wiedervereinigung auf höherer Stufe ist" (S. 91); oder vielmehr, die Romantiker waren nicht die ersten, die das einsahen, derselbe Gedanke war schon von Kant und Schiller (8, 188 f.) ausgesprochen worden. Daß die Zurückführung des Unterschiedes der antiken und modernen Poesie auf die Herrschaft des Triebes und der Absicht nicht erst von Fr. Schlegel herrührt (S. 111), soll das erste Kapitel zeigen. Endlich kann ich auch ihrer Erklärung des Konflikts zwischen Schiller und den Brüdern Schlegel nicht zustimmen. „Er stieß sie von sich", meint Ricarda Huch, „weil er sich ihrer sonst nicht zu erwehren gewußt hätte; denn er empfand, obwohl er es sich nicht zugestehen wollte, ihre intellektuelle Überlegenheit. Gerade weil er die Beschränktheit seiner Natur fühlte, hielt er es für nötig, sich nicht beirren zu lassen, um die Sicherheit nicht zu verlieren, und wollte er sich namentlich nicht von jungen Leuten daran erinnern lassen, die er an eigentlichem Können, an Männlichkeit weit überragte" (S. 210). Wenn man in größeren positiven Kenntnissen allein schon eine intellektuelle Überlegenheit erblickt, so wird man sie den Schlegel kaum streitig machen können, fordert man aber in erster Linie Klarheit und feste Begründung der Gedankenwelt, so muß das Urteil wohl zugunsten Schillers ausfallen; jedenfalls ruhten alle seine Anschauungen auf einem viel zu sichern Fundament, als daß er hätte fürchten müssen, durch den Umgang mit einigen geistreichen jungen Männern die Sicherheit zu verlieren. —

Herder zitiere ich nach der Ausgabe von Suphan (die hier noch nicht erschienenen „Ideen" nach Hempel), Schiller nach Bellermann, A. W. Schlegel nach Böcking, die Berliner Vorlesungen nach Minor, Fr. Schlegels Jugendschriften nach Minor, die späteren Werke nach den ersten Drucken und bediene mich der in den Jahresberichten für neuere deutsche Literaturgeschichte gebrauchten Siglen; der Sicherheit und Bequemlichkeit wegen gebe ich jedoch noch ein Verzeichnis der Abkürzungen (S. VII). Ich zitiere darstellende Werke in der Regel nur da, wo ich mich enger an sie anschließe oder ein Hinweis für den Leser mir sonst wünschenswert erschien; so erklärt es sich, daß manche Bücher, die ich — wie ich hoffe, mit Gewinn — studiert habe, wie z. B. Cohen, Kants Begründung der Ästhetik, in den Anmerkungen nicht erwähnt sind.

Ich kann nicht schließen, ohne meinem früheren Kollegen am Goethe- und Schiller-Archiv, Herrn Dr. Max F. Hecker, für seine freundliche Unterstützung beim Korrekturlesen meinen herzlichsten Dank auszusprechen.

Carl Alt.

Verzeichnis der Abkürzungen.

ADB. = Allgemeine deutsche Biographie.
ALG. = Archiv für Literaturgeschichte.
Ansichten über Literatur, Ansichten = F. Jonas, Ansichten über Ästhetik und Literatur v. W. v. Humboldt. Seine Briefe an Körner. Berlin 1880.
Ath. = Athenäum. Eine Zeitschrift v. A. W. u. F. Schlegel.*)
AZg B. = Beilage der Allgemeinen Zeitung.
Bernays, Schriften = Michael Bernays, Schriften zur Kritik u. Literaturgeschichte.
Böcking = A. W. v. Schlegels sämtliche Werke, herausgeg. v. Ed. Böcking.
Briefe an Fouqué = Briefe an F. de la Motte-Fouqué, herausgeg. v. Albertine Baronin de la Motte-Fouqué. Berlin 1848.
Briefe an Tieck = Briefe an Ludw. Tieck, herausgeg. v. K. v. Holtei. Breslau 1864.
Conc. = Concordia. Eine Zeitschrift, herausgeg. von F. Schlegel. Wien 1823.
Dilthey = W. Dilthey, Leben Schleiermachers I. Berlin 1870.
DLD. = Deutsche Literaturdenkmale d. 18. u. 19. Jh., herausg. v. B. Seuffert.
DNL. = (Kürschners) Deutsche Nationalliteratur. (Bd. 143 A. W. und F. Schlegel, herausgeg. v. Walzel).
Europa = Europa. Eine Zeitschrift, herausgeg. v. F. Schlegel. Frankfurt 1803.
Gesch. = F. Schlegel, Über die neuere Geschichte. Wien 1811.
GGA. = Göttingische Gelehrte Anzeigen.
Goedeke = Schillers sämtl. Schriften. Histor.-krit. Ausg., herausg. v. Goedeke.
Goethe Jb. = Goethe-Jahrbuch, herausgeg. v. Geiger.
H., Hempel (S. 7 f.) = Herders Werke, Hempelsche Ausgabe.
Haym = Rud. Haym, Die romantische Schule. Berlin 1870.
JALZ. = Jenaische Allgemeine Literatur-Zeitung.
JBL. = Jahresberichte für neuere deutsche Literaturgeschichte.
Ideen = Ideen. Von F. Schlegel (Athenäum III, Heft 1)*).
Jonas = Schillers Briefe, herausgeg. v. F. Jonas.
Jonas-Dilthey = Aus Schleiermachers Leben, herausgeg. von L. Jonas und W. Dilthey.
Lessing = Lessings Gedanken u. Meinungen, zusammengestellt und erläutert v. F. Schlegel. Leipzig 1804.
Lit. = F. Schlegel, Gesch. der alten und neuen Literatur. Wien 1815.
Lyc. = Lyceum der schönen Künste, herausgeg. v. J. F. Reichardt*).
Minor = F. Schlegels Jugendschriften, herausgeg. von J. Minor.
Muncker = Lessings sämtl. Schriften, herausgeg. v. Lachmann-Muncker.

---

*) Über die Abkürzungen: Ath., Ideen, Lyc. vgl. S. 54. Anm. 2.

Museum = Deutsches Museum, herausgeg. v. F. Schlegel. Wien 1812—1813.

NJbbPh. = Neue Jahrbücher für Philologie und Pädagogik.

Oeuvres = Oeuvres de Mr. A. G. de Schlegel écrites en français et publiées par Ed. Böcking. Leipzig 1846.

Ph. d. Lebens = Philosophie des Lebens. Von F. v. Schlegel. Wien 1828.

Ph. d. Gesch. = Philosophie der Geschichte. Von F. v. Schlegel. Wien 1829.

Ph. d. Sprache = Philos. Vorlesungen, insbes. über Philosophie der Sprache und des Worts. Von F. v. Schlegel. Wien 1830.

Poet. Taschenb. = Poetisches Taschenbuch für das Jahr 1806, herausgeg. v. F. Schlegel.

Pr. Jbb. = Preußische Jahrbücher.

Raich = Dorothea v. Schlegel und deren Söhne . . . Briefw., herausgeg. v. J. M. Raich.

Schiller = Schillers Werke, herausgeg. v. L. Bellermann. Leipzig und Wien, Bibliogr. Institut.

Suphan = Herders Werke, herausgeg. v. B. Suphan.

Vorl. = F. Schlegels philos. Vorlesungen aus den Jahren 1804—1806. Herausgeg. v. Windischmann, Bonn 1836.

Voss Zg B. = Sonntagsbeilage der Vossischen Zeitung.

Waitz = Karoline, Briefe . . . herausgeg. v. G. Waitz.

Walzel = F. Schlegels Briefe an seinen Bruder August Wilhelm, herausgeg. v. Walzel.

Weim. Ausg. = Goethes Werke, herausgeg. im Auftrage der Großherzogin Sophie von Sachsen.

Xenien = Xenien 1796. Herausgeg. v. E. Schmidt u. B. Suphan.

ZDPh. = Zeitschrift für deutsche Philologie.

ZÖG. = Zeitschrift für die österreichischen Gymnasien.

Inhalt.

Seite

Vorwort III

Verzeichnis der Abkürzungen VII

  I. Friedrich Schlegel als Lehrling der Griechen 1

 II. August Wilhelm Schlegels Anfänge 37

III. Die Begründung der romantischen Schule 54

IV. August Wilhelm Schlegels Vorlesungen und spätere lite-
    rarische Tätigkeit 79

 V. Friedrich Schlegel als Konvertit 107

Personenverzeichnis 127

Schriftenverzeichnis 128

I.

Friedrich Schlegel als Lehrling der Griechen.

Wilhelm von Humboldt hatte soeben Schillers Horenaufsätze „Über das Naive" und über „Die sentimentalischen Dichter" gelesen, als ihm ein Teil von Friedrich Schlegels Abhandlung „Über das Studium der griechischen Poesie" im Manuskript zuging. In einem Brief an Schiller vom 29. Dezember 1795 berichtete er darüber und meinte, die Arbeit sei von allem, was er bisher von Friedrich Schlegel gelesen, das am wenigsten deutlich Durchdachte und klar Auseinandergesetzte. „Ihre neuesten Abhandlungen werden dem Dinge durch den Kontrast noch mehr schaden"[1]. Diese Prophezeiung Humboldts ist in vollem Umfang eingetroffen. Hätte Schlegels Schrift mit ihrer Unklarheit in den Grundbegriffen, ihrer unübersichtlichen Disposition und schwerfälligen Ausdrucksweise schon an sich neben Schillers Abhandlung einen schweren Stand gehabt, so mußte ihm noch mehr der unglückliche Zufall schaden, daß sein Werk, das er vor dem Erscheinen der Schillerschen Untersuchungen in den Horen an die Druckerei abgeschickt, erst ein Jahr später in den Buchhandel kam. Bei der Verwandtschaft des Themas und einer auffallenden Übereinstimmung in einigen Hauptpunkten konnte es nicht fehlen, daß man in Schlegels Arbeit nichts als eine Paraphrase — und zwar eine schlechte — Schillerscher Ideen erblickte. Das geschah bereits in einer Rezension des Neuen Teutschen Merkur 1797, S. 297; (vgl. ALG. 15, 420.) Von späteren Forschern sind Hettner, Koberstein und Tomaschek darin einig. Hettner[2] bezeichnet die Schrift als eine trübe

---

Verflachung und Verwirrung des von Schiller bereits klar Erkannten und scharf Gesonderten. Koberstein urteilt: „Alles was in jener Schrift die Theorie der Dichtkunst im allgemeinen betraf, ruhte auf den Sätzen der Kantischen Kritik der Urteilskraft und auf Schillers Abhandlung" [1]. Tomaschek meint, das Werk, kurz nach Schillers epochemachenden Abhandlungen, den ästhetischen Briefen und „Über naive und sentimentalische Dichtung" geschrieben, zeige in allen seinen Teilen die mächtige Einwirkung der Schillerschen Ideen. „Schillers Terminologie und Redewendungen begegnen wir fast auf jeder Seite" [2]. Soweit diese Schriftsteller in der Abhandlung über naive und sentimentalische Dichtung das Vorbild Schlegels sehen wollen, befinden sie sich, wie wir jetzt wissen, in einem Irrtum; denn am 23. Dezember 1795 bereits meldet Friedrich seinem Bruder, er habe den Schluß seiner Abhandlung vor 2 1/2 Wochen an die Druckerei abgeschickt [3] und das 11. Horenstück des Jahres 1795, das den Aufsatz über das Naive enthielt, war am 7. Dezember noch nicht in Schillers Händen [4]. Das hat zuerst Haym klargestellt [5]. Haym hat aber auch wahrscheinlich gemacht, daß der Schluß der Abhandlung erst unter dem Eindruck der Schillerschen Darstellung nachträglich hinzugefügt ist (S. 204) [6]. Neuerdings hat dann Kohlsdorfer in dem Programm des Jesuitengymnasiums in Bakowice (1896) „Friedrich Schlegels Abhandlung über das Studium der griechischen Poesie" das Verhältnis beider Arbeiten erörtert, sich aber gar

---

[1] Geschichte d. deutschen Nationalliteratur ⁵ IV, 616 Anm.

[2] Schiller in seinem Verhältnisse zur Wissenschaft S. 446.

[3] Walzel S. 246. — [4] Jonas 4, 341; vgl. 346.

[5] S. 187, 202, 908; vgl. Dilthey S. 220 Anm.

[6] Haym getraut sich nicht zu bestimmen, wo das später Verfaßte anhebt; das wird sich wohl auch nicht mit Bestimmtheit ermitteln lassen. Doch scheint Schlegel, wenn er gegen eine Werthersche Anschauung des Homer eifert (Minor 1, 165, 45), an „Naive u. sentimentalische Dichtung" (8, 330, 1) anzuknüpfen und gegen Schillers Definition der Idylle (8, 368 ff.) zu polemisieren, wenn er das Interesse des Idylls, das im Stoff und im Kontrast mit der individuellen Welt des Publikums liegt, ablehnt (Minor 1, 164, 4. 166, 1). Freilich braucht Schiller schon in der Matthissonrezension (13, 376, 34) eine ähnliche Wendung. Vielleicht ist S. 158—178 später hinzugefügt; die lobenden Urteile über Schiller finden sich S. 163, 9 und 177, 29. — Körner hatte übrigens schon im Oktober 1795 gefunden, daß Schiller zu wenig gelobt sei (Waitz, Caroline 1, 163).

zu schnell bei dem Gedanken beruhigt, daß sich aus denselben
Prämissen und Vorbedingungen bei weiterem Prüfen und gründ-
licherem Durchdringen des Gegenstandes dieselben oder
mindestens ähnliche Resultate und Folgerungen ergeben müssen,
daß demnach mehrere Forscher zu gleicher Zeit dieselben
Entdeckungen machen und dabei doch jeder für sich das Verdienst, etwas Neues gefunden zu haben, beanspruchen darf (S. 24).
Leider versäumt er es fast ganz, diese Prämissen näher zu bestimmen. Demgegenüber hat Walzel[1] richtig hervorgehoben,
daß Schlegel die älteren Arbeiten Schillers bereits vorlagen,
und auch auf gemeinsame Vorgänger beider hingewiesen.

Das Hauptthema, in dem sich das Interesse Schillers und
Schlegels begegnet, ist das Verhältnis griechischer Kultur
und Dichtung zur modernen. Viel war ihnen auf diesem
Gebiete schon vorgearbeitet; ist doch der Aufschwung unserer
Literatur in der 2. Hälfte des 18. Jahrhunderts aufs engste
verknüpft mit einem lebhaften Interesse für das klassische
Altertum. Gerade die besten Männer waren es, die bei den
Griechen die reinste Entwicklung der „Menschheit" zu finden
meinten, die in griechischer Kunst und Dichtung den höchsten
Gipfel der Vollkommenheit erblickten. Mag immerhin diese
Auffassung stark idealisiert sein und vor der Wissenschaft nicht
standhalten, sie hat, wie sie einem tiefen Bedürfnis der Zeit
entsprungen war, die herrlichsten Früchte getragen. Eine
Darstellung dessen, was man dieser zweiten Renaissance verdankt und wie man sich allmählich des griechischen Geistes
bemächtigt hat[2], kann hier nicht gegeben werden, es sollen nur
einige Punkte hervorgehoben werden, die für Schillers und
Schlegels Auffassung von Bedeutung sind.

Gleich in seinem Erstlingswerk betont Winckelmann die
praktische Bedeutung einer intensiven Beschäftigung mit der
antiken Kunst: „Der einzige Weg für uns, groß, ja .. unnach-

---

[1] DNL. 143, XV und JBL. 1897 IV 10:32.

[2] Vgl. Cholevius, Geschichte d. deutschen Poesie nach ihren antiken
Elementen und H. Fischers Rektoratsrede vom 25. Februar 1902: Der Neu-
humanismus in der deutschen Literatur; auch Walzel DNL. 143, XIII f. —
Eine umfassende Darstellung des interessanten Themas hat Berger in Aus-
sicht gestellt; vgl. Berger, Der junge Herder und Winckelmann S. 4.

ahmlich zu werden, ist die Nachahmung der Alten" (DLD. 20,
8, 23). Schon hier bezeichnet er edle Einfalt und stille Größe
als das vorzügliche Kennzeichen der griechischen Meisterstücke.
Er widmet sein Leben dem Studium der antiken Kunst und
schreibt ihre Geschichte. Er untersucht die Gründe ihrer glücklichen Entwicklung und findet sie vornehmlich im Einfluß
des Klimas, der Verfassung und Erziehung[1]. Er findet, das
höchste Gesetz ihrer Kunst sei die Schönheit, ihr werde auch
der Ausdruck untergeordnet (7, 94 ff.). Er skizziert ihre Entwicklung von den ersten Anfängen bis zu ihrem Höhepunkt
und Verfall und meint, sobald das Maximum der Schönheit
erreicht war, mußte die Kunst, „in welcher, wie in allen
Wirkungen der Natur, kein fester Punkt zu denken ist, da sie
nicht weiter hinausging, zurückgehen" (5, 259); aber auch in
den Zeiten des Verfalls war der Geist ihrer Väter nicht von
den Künstlern gewichen „und auch mittelmäßige Werke der
letzten Zeit sind noch nach den Grundsätzen der großen
Meister gearbeitet" (5, 274).

Auch für Lessing hat die griechische Kunst kanonische
Geltung. „Was ihre Künstler getan, wird mich lehren, was
die Künstler überhaupt tun sollen"[2]. Er ist überzeugt, daß
bei den Alten Schönheit das höchste Gesetz der bildenden
Künste gewesen ist und verwirft das Streben der neuern Kunst
nach Wahrheit und Ausdruck (9, 14, 10. 18 f.) Er rühmt die
schöne Menschlichkeit der Alten gegenüber dem falschen
Anstande der Franzosen (9,9). Später muß ihm die Theorie
und Praxis der Alten zur Waffe gegen die Franzosen dienen,
die sich mit den Regeln abzufinden, nicht sie zu beobachten
verstanden (9, 377, 28). Übrigens hatte auch schon Johann
Elias Schlegel (gest. 1749) der überfeinerten Delikatesse
der Franzosen den natürlichen Geschmack der griechischen
Darstellung, dem falschen gesteigerten Heldenpathos die menschlich wahre Schilderung der Alten gegenübergestellt und bei
den Alten einen mehr selbstwachsenden Geist als Regel gefunden[3].

---

[1] Ausg. v. Fernow, H. Meyer und J. Schulze, 3, 54—65; 4, 1—32.
[2]) Muncker 9, 156, 15.
[3]) Braitmaier, Gesch. d. poet. Theorie u. Kritik 1, 291.

Bevor ich zu Herder übergehe, ist noch ein Denker der alten Schule, Garve, zu erwähnen, der im Jahre 1770 eine „Betrachtung einiger Verschiedenheiten in den Werken der ältesten und neuern Schriftsteller, insbesondere der Dichter" veröffentlichte[1]. Garve betont, daß die Alten die Natur besser kannten als wir, wir lernen aus Büchern, beobachten wenig selbst, bei jenen unterrichteten die Sinne den Verstand, bei uns der Verstand die Sinne; die Alten waren origineller, nach keinem Muster gebildet, sie zeigten mehr das Äußere, die Neuern das Innere der menschlichen Handlungen, jene gaben das Bild der Sache, diese brauchen die Objekte nur, um Ideen anzubringen. „Ihre Werke sind die Wirkungen eines sich selbst gelassnen Geistes, der, in seinen Operationen nur von der Natur der Dinge und seinem Instinkte geleitet, dieselben durch keine freiwilligen Entwürfe und Absichten in ihrer Richtung verändert ... Die Werke unsrer Zeit sind Denkmäler von dem, was der menschliche Geist nach Absicht, mit Bewußtsein und durch sich selbst hervorzubringen im stande ist" (S. 209 f.).

Den vollständigsten Ausdruck aller lebenskräftigen und zukunftsfrohen Strömungen seiner Zeit finden wir in den Schriften Herders, in dessen weltumspannendem Interesse die Griechen von seiner Jugend an bis ins Alter eine bevorzugte Stellung einnehmen. Die Alten sind ihm die wahren Muster des Schönen (Suphan 9, 291), Lektüre der Alten ist „die wahre Wissenschaft des Schönen zur höhern Kenntnis", schöne Wissenschaften aber, das sind *humaniora,* „Wissenschaften und Übungen, die das Gefühl der Menschlichkeit in uns bilden." „Wie die Morgenröte vor der Sonne vorhergeht, und Frühling und Saat vor der Ernte hergehen müssen: so die schönen vor den höhern Wissenschaften" (9, 297. 304. 296). Mit solchen Sätzen steht Herder auf dem Boden der Leibniz-Baumgartenschen Auffassung, die die Schönheit als Vollkommenheit der sinnlichen Wahrnehmung oder der „unteren" Seelenkräfte definiert und sie

---

[1] Neue Bibliothek der schönen Wissenschaften und freien Künste 10, 1—37, 189—210. Vgl. Jacoby, Schiller und Garve: Archiv für Literaturgeschichte 7, 95—145. Auch Schlegel scheint mit Garves Schriften vertraut gewesen zu sein; vgl. Walzel S. 51.

als undeutliche Vorstufe der vernünftigen Erkenntnis auffaßt.
Unabhängig von einander hatten von dieser Grundlage aus
Sulzer und Mendelssohn den Geschmack am Schönen als
Vorbereitung zu einem höhern Zweck, zur wissenschaftlichen
Erkenntnis und sittlichen Kultur aufgefaßt[1]. Herder steht im
Grunde auch auf demselben Boden, nur das Werturteil ändert
sich, die Hochschätzung der gepriesenen Zeitkultur ist unter
dem Einfluß der allgemeinen Kulturmüdigkeit geschwunden.
„Je wilder, d. i. je lebendiger, je freiwirkender ein Volk ist . .
desto lebendiger, freier, sinnlicher, lyrisch handelnder müssen
auch, wenn es Lieder hat, seine Lieder sein" (5, 164; vgl. 8,
342). Hier wurzelt Herders Interesse für Naturpoesie. Diesen
„Geist der Natur" glaubt er so gut bei Ossian wie bei Homer
zu vernehmen (5, 183), Shakespeare so gut wie Sophokles ist
ihm ein Diener der Natur (5, 222). Er will mit den Ebräern
ein Ebräer, mit den Arabern ein Araber, mit den Skalden ein
Skalde, mit den Barden ein Barde werden, um Moses und
Hiob und Ossian in ihrer Zeit und Natur zu fühlen (3, 202).
Bei all dieser Weitherzigkeit, die ihn auch bestreiten läßt, daß
jeder neue Geschmack verkehrt sein muß, der von den Regeln
des Altertums abgeht (1, 308), sind doch auch für Herder die
Griechen die Lieblinge der Minerva, und er zweifelt, „ob irgend
eine Nation der Erde das *poco più* und *poco meno* der menschlichen Glückseligkeit, d. i. den feinen Umriß in der Gestalt
und Kunst des Lebens so klar und schön ausgedrückt habe,
als es die Griechen tun konnten" (1, 285; 15, 422). Als das
Zeitalter der Natur, das Jahrhundert der goldnen Zeit und
einfachen Natur preist er das griechische Altertum. Die schöne
unschuldig-einfältige Natur der Griechen setzt er „unsrer heutigen
Galanterie und Politesse und Hofartigkeit" (1, 345. 397; 3, 296),
die Einheitlichkeit und Totalität griechischer Bildung unserem
Zeitalter entgegen, „wo alles getrennt ist, jeder nur mit einer
Kraft oder einem Kräftlein seiner Seele dienen soll und übrigens
unter einem elenden Mechanismus seufzet" (8, 217). Der heutige
Mensch ist Triebrad einer Maschine. „So wird der eine Mensch
für die Gesellschaft gleichsam ganz Algebra, ganz Vernunft,

––

[1] Braitmaier 2, 65 f., 149 f.

so wie sie am andern bloß Herz, Mut und Faust braucht" (5, 104).
Der Geschmack der Griechen war am meisten Natur, bei
Homer ist alles Natur oder vielmehr er steht auf dem Punkt,
„da die Natur das vollendete Werk ihrer Hände auf die Grenze
ihres Reiches stellte, damit von hier an Kunst anfinge" (5, 613;
1, 173). Trotz dieser Angabe nennt er an andrer Stelle auch
das griechische Drama eine Naturblume der Zeit (5, 616) und
ebenso unbedenklich bezeichnet er die Griechen als das kulti-
virteste Volk der alten Welt (27, 179; 18, 442). Eben diese
vieldeutige Unbestimmtheit des Naturbegriffs machte es möglich, daß sich in dem Schlagwort „Natur" alle Bestrebungen
eines jungen Geschlechts auszudrücken schienen. Bald sind
es Rousseausche Töne, die wir vernehmen, bald kommt die
Originalitätssucht und Regelfeindschaft Youngs und der „Genies"
zum Ausdruck. Durch einen glücklichen Trieb der Natur und
durch eine geschmackvolle sichere Gewohnheit übten die
griechischen Dichter und Künstler eine Philosophie des Schönen
aus, ehe der Zergliederer ihre Regeln aufnahm (Hempel 11, 110),
das (angeblich) Künstliche ihrer Regeln war keine Kunst, war
Natur (5, 211). An Young werden wir auch erinnert, wenn
Herder eine wahre und eine falsche Nachahmung der Alten
unterscheidet und tadelt, daß man lernte, „was die Alten gedacht, statt wie sie zu denken", daß man sie kopierte und nach-
ahmte, statt sie nachzubilden und ihnen nachzueifern (1, 370.
383). So hatte auch Johann Adolf Schlegel, der Vater der
Romantiker, gelehrt, die Alten sollen unsere Vorbilder sein, wir
machen sie zu unsern Gesetzgebern[1]. Die Griechen sind
der Nachahmung — Herder sollte sagen Nacheiferung — wert,
doch ehe wir sie nachahmen, müssen wir sie kennen und in
diesem Sinne fordert Herder einen Winckelmann in Absicht
der Dichter (1, 286. 294). Es wäre auffallend, wenn wir nicht
auch Winckelmannsche Ideen bei Herder wiederfänden. Zwar
gegen die ausschließliche Geltung des griechischen Schön-
heitsideals protestiert er (1, 308), aber mit Winckelmann unterscheidet er eine Periode des Wachstums, der Blüte und der
Abnahme (5, 504, vgl. Hempel 11, 123) und sucht wie dieser im

---

[1] A. v. Weilen: DLD. 29.30, XV.

Klima (H. 11, 80) oder in der politischen Verfassung die
Gründe für die einzigartige Kultur der Griechen (9, 328;
H. 11, 93). Ferner macht er auf die Gunst der geographischen
Lage (H. 11, 77), die nicht durch fremde Einflüsse gestörte Entwicklung aufmerksam (H. 11, 119), während bei den Deutschen zu
ihrem Unglück die ruhige Bildung durch Vermischung mit
andern Nationen und Nachahmung fremder Vorbilder gehemmt
wurde (1, 366; vgl. 8, 428).

Mit Winckelmann sieht Heydenreich[1] (System der Ästhetik 1790) im milden wohltätigen Klima die Ursache der
griechischen Blüte (S. 23) und erkennt in der Schönheit das
höchste Gesetz griechischer Kunst (S. 26) — an beiden Stellen
betont er, daß das schon oft gesagt sei —; im Gegensatz aber
zu Winckelmann und Lessing meint er, daß, was für die Griechen
höchstes Gesetz sein mußte, es nicht deshalb auch für uns
sein könne (S. 28). In Übereinstimmung mit Herder hebt er
hervor, daß die Feinheit des Gefühls und die Lebhaftigkeit der
Phantasie durch keine unnütze Gelehrsamkeit, keine Fesseln
konventioneller Nachahmungsregeln bei den Griechen gestört
wurde (S. 23), daß sie ohne eine vollständige philosophische
Theorie richtigere Begriffe von den Künsten gehabt, als die
Neuern (S. 38). Dann aber sucht er — und das scheint ihm
eigentümlich zu sein — in den vaterländischen Stoffen einen
Hauptvorzug der griechischen Dichtung (S. 10), was Schiller
(8, 145, 4) zwar zugibt, aber für einen sehr untergeordneten
Vorzug erklärt.

Auch Forsters in Schillers Thalia erschienener schwung-
voller Essay[1] „Die Kunst und das Zeitalter" verleugnet seine
Vorgänger nicht. Alte und moderne Kunst sind durch eine
Kluft geschieden wie das Wahre vom Falschen (DLD. 46/7,139,11).
Klima, Lage, Verfassung, Gleichgewicht der physischen und
sittlichen Kultur, Gedankenreichtum bei der höchsten Reizbar-
keit des Gefühls führten die einzigartige Entwicklung der Kunst

---

[1] Heydenreichs Buch bestellte Schiller am 5. Oktober 1792 bei Göschen
(Jonas 3, 218), ein Urteil über Forsters Aufsatz findet sich in einem Brief an
Huber vom 13. Januar 1790 (Jonas 3, 18). Schlegel las das erste im Juli 1791
(Walzel S. 7), den letztern erwähnt er zuerst am 13. November 1793 (Walzel
S. 140; vgl. Minor 2, 136, 36).

herbei (142,17). Auf Leibniz-Baumgartenscher Grundlage beruht Forsters Vorstellung vom Entwicklungsgang der Menschheit: zuerst ist sinnliches Gefühl die einzige Triebfeder des Handelns, die erwachende Vernunft spielt mit den Sinnen, ringt um die Herrschaft und regiert sie endlich, mit der Ausbildung der Vernunft aber geht die ästhetische Empfänglichkeit verloren (144,28). Die neue Kunst hat das Unglück, daß die Wissenschaft der Kunst zuvorgeeilt war, „und anstatt daß man ehemals von dem Kunstwerk Regeln entlehnte, ward jetzt der Künstler verurteilt, in den Fesseln der Theorie einherzugehen" (146, 21).

Der letzterwähnte Punkt wird auch besonders von Bouterweck in seinen „Fragmenten vom griechischen und modernen Genius" hervorgehoben; diese Abhandlung, in Bürgers Akademie der schönen Redekünste erschienen, wurde von Fr. Schlegel in der JALZ. rezensiert [1]. „Bei einem Volk", schreibt Bouterweck, „das in der Kunst triumphieren will, muß die Vervollkommnung ausgehn von angeborner und sich ausbildender Sinnesfeinheit, nicht von Räsonnement oder Theorie" (S. 55). In diesem Sinne rühmt er das „Absichtslose" der griechischen Poesie (S. 73), das wahre und warme Abbild der Natur (S. 69). Auch der Hinweis auf die Gunst des Himmels, der Erziehung und Freiheit (S. 48) fehlt hier nicht.

Es dürften sich gewiß aus der zeitgenössischen Literatur noch manche Abhandlungen über dieses Thema anführen lassen. Doch ersieht man wohl schon aus dem hier Zitierten zur Genüge, wie eine ganze Reihe von Ideen gewissermaßen Gemeingut der Gebildeten war. Zum Überfluß wird von A. W. Schlegel in einer Rezension des Forsterschen Aufsatzes [2] ausdrücklich betont, daß das Thema oft behandelt und die Umstände, aus denen Forster das Phänomen der griechischen Kunst herleite, bekannt seien.

Der Name eines Mannes muß jedoch noch genannt werden, der vielleicht für die Entwicklung von Schillers und Schlegels Anschauungen von Bedeutung war: Wilhelm von Humboldt. Daß der persönliche Gedankenaustausch mit diesem für Schillers

---

[1] Vgl. ZÖG. 1889, S. 485—93. — [2] Böcking 10, 34.

Auffassung des Griechentums sehr förderlich gewesen ist, bedarf keiner Beweise. Aber auch Friedrich Schlegel könnte ihm manches verdanken; er durfte Humboldts Briefe an Körner lesen[1] und knüpfte im Dezember 1794 auch einen direkten Briefwechsel mit Humboldt an[2], der leider verloren zu sein scheint. Nach Humboldt verband kein anderes Volk so viel Einfachheit und Natur mit so viel Kultur, wie die Griechen (DLD. 58 62, XI. 26, 20), sie waren weniger durch Kunst und Kultur geformt und so viel mehr der Natur näher als wir (XIII). Ihnen schreibt er eine große Tendenz zu, „den Menschen in der möglichsten Vielseitigkeit und Einheit auszubilden" (21, 15), bei ihnen ist mehr Entwicklung der Persönlichkeit in ihrem Ganzen anzutreffen, als bei Nationen auf einer höhern Kulturstufe (18, 21). Die griechischen Künstler hatten keine fremden Muster vor sich und selbst die eigentliche Theorie der schönen Künste entstand erst später (17, 5). Als charakteristisches Merkmal der neuern Kunst gilt ihm das Streben nach Ausdruck, auf den „der bessere Geschmack unsers Zeitalters" fast ausschließlich gerichtet sei[3]; in der Erfahrung würden oft Schönheit und Ausdruck verwechselt, „und nicht selten hören wir Bildungen schön nennen, die bloß interessant heißen dürften"[4]. Manchen dieser Ansichten werden wir auch bei Schiller und Schlegel wieder begegnen; aber mit allem, was bisher angeführt ist, steht Humboldt auf dem Boden der allgemeinen Anschauungen seiner Zeit; er könnte also hier höchstens eine Vermittlerrolle gespielt haben. Es bliebe sonach immer noch die Frage offen, ob sich auch solche Ansichten bei Schiller oder Schlegel finden, die ihm eigentümlich sind. Humboldt hatte seine Ideen „Über das Studium des Altertums und des Griechischen insbesondere" in einem in wenigen Tagen entstandenen Aufsatz niedergelegt; dieser Aufsatz wurde am 23. Januar 1793 an F. A. Wolf, darauf an Schiller und Dalberg geschickt, von denen ihn Humboldt mit Randbemerkungen versehen zurückerhielt; am 31. März berichtet er über diese an Wolf; als Humboldt im Herbst 1793

---

[1]) Walzel S. 186. — [2]) Ansichten über Lit., her. von Jonas S. 37.
[3]) Horen 1795. 4, 33. — [4]) Ebenda S. 31; vgl. auch Ansichten über Literatur S. 29.

in Dresden war, sah auch Körner das Manuskript[1]. Schiller dürfte jedoch den Aufsatz nur kurze Zeit in Händen gehabt haben; in seinem Briefwechsel wird er nicht erwähnt und unzweideutige Spuren seiner Einwirkung kann ich bei ihm so wenig wie bei Schlegel nachweisen.

In den Noten zu dem oben genannten Humboldtschen Aufsatz hat Schiller bereits seine lange Zeit hindurch festgehaltene Anschauung über das Verhältnis griechischer und moderner Kultur skizziert. „Sollte nicht", meint Schiller, „von dem Fortschritt der menschlichen Kultur ohngefähr eben das gelten, was wir bei jeder Erfahrung zu bemerken Gelegenheit haben. Hier aber bemerkt man drei Momente. 1. Der Gegenstand steht ganz vor uns, aber verworren und ineinander fließend. 2. Wir trennen einzelne Merkmale und unterscheiden. Unsere Erkenntnis ist deutlich aber vereinzelt und borniert. 3. Wir verbinden das Getrennte und das Ganze steht abermals vor uns, aber jetzt nicht mehr verworren sondern von allen Seiten beleuchtet. In der ersten Periode waren die Griechen. In der zweiten stehen wir. Die dritte ist also noch zu hoffen, und dann wird man die Griechen auch nicht mehr zurückwünschen" (DLD. 58/62, 10, 23). Dazu halte man noch eine andere Anmerkung: „Die Kultur der Griechen war bloß ästhetisch und davon glaube ich, müßte man ausgehen, um dieses Phänomen [daß sie sich auch auf einer hohen Kulturstufe eine seltene Einfachheit des Sinns und Geschmacks wahrten] zu erklären" (ebenda 19, 27). Diese Ansicht Schillers, nach der eine Periode bloß ästhetischer Bildung die Vorstufe unserer vorzüglich intellektuellen und moralischen Kultur bildet[2], ist wie die verwandten Ideen Herders und Forsters auf dem Boden der Leibniz-Baumgartenschen Philosophie erwachsen. Sie liegt auch den „Göttern Griechenlands" und lag der älteren Fassung der „Künstler" zu grunde, deren Hauptidee nach Schillers Brief an Körner vom 9. Februar 1789 die „Verhüllung der Wahrheit und Sittlichkeit in die Schönheit" war[3]. In demselben Brief

---

[1]) An Schiller, 22. September 1793; vgl. DLD. 58/62, XVIII ff.

[2]) Sie findet sich bereits im „Versuch über den Zusammenhang der tierischen Natur des Menschen mit seiner geistigen" (13, 477, 6).

[3]) Jonas 2, 225.

teilt er dem Freunde mit, daß er dem Gedicht einen neuen
Schluß gegeben — auf Wielands Rat, doch hätte die Idee
schon unentwickelt im Gedicht gelegen; zuerst werde ausgeführt, daß die Kunst die wissenschaftliche und sittliche Kultur
vorbereitet habe, aber das sei noch nicht das letzte Ziel. „Dann
erst sei die Vollendung des Menschen da, wenn sich wissenschaftliche und sittliche Kultur wieder in die Schönheit auf-
löse." Diese Auffassung der Kulturentwicklung in drei Perioden
wird von Schiller lange Zeit hindurch festgehalten. Sie leuchtete
aber auch Humboldt ein. Dieser nannte in seinem Brief an
Wolf vom 31. März 1793 (DLD. 58 62, XVIII) Schillers oben
zitierte Note eine „genievolle Idee", fügte aber noch hinzu:
„ob auch eine wahre, mögen Sie selbst entscheiden". Er hat
sich dann aber Schillers Auffassung im wesentlichen angeeignet, wie zwei Briefe vom 16. November 1793 zeigen; der
eine ist an Körner gerichtet[1], der andere an A. W. Schlegel[2].
Humboldt nimmt 4 Kulturstufen an: „1. Einheit durch Herrschaft
körperlicher Sinnlichkeit — Einheit durch Rohheit — bei allen
barbarischen Völkern. 2. Einheit der ästhetischen Kräfte —
bei den Griechen. Mit dieser verbindet sich in spekulativen
Köpfen eine Einheit durch Vernunft — bei Platon. 3. Mangel an
Einheit durch große Ausbildung des Verstandes. 4. Die höchste
Einheit hervorgehend aus jenem Mangel." Humboldt läßt also
der ersten Kulturstufe Schillers noch eine frühere vorausgehn,
wie Schiller selbst an andern noch zu erwähnenden Stellen.

Ganz im Einklang mit der Grundidee wird im Aufsatz
über die tragische Kunst (8, 41, 6) der neuern Zeit eine „ge-
läuterte Philosophie" zugesprochen, die der Poesie nicht günstig
sei und eine Herstellung der griechischen Kunst unmöglich
mache. Der wesentlich ethischen Richtung der Abhandlung
entsprechend, wird in „Anmut und Würde" die ungetrennte
Einheit von Natur und Sittlichkeit betont; der Grieche „führte
die Freiheit, die nur im Olympus zu Hause ist, auch in die
Geschäfte der Sinnlichkeit ein und dafür wird man es ihm hingehen lassen, daß er die Sinnlichkeit in den Olympus versetzte"

---

[1] Ansichten S. 8 ff.

[2] Klette, Verzeichnis der von A. W. v. Schlegel nachgelassenen Brief-
sammlung S. IV.

(8, 59, 19); und an die Griechen hat Schiller offenbar gedacht, wenn er in seinen Vorlesungen von ganzen Nationen spricht, die im Grunde nur eine ästhetische Tugend haben [1]. Ausführlicher kommt Schiller im 6. der ästhetischen Briefe auf die Griechen zu sprechen. Hier wird mit Worten, die an Herder erinnern, die Totalität griechischen Wesens gerühmt im Gegensatz zum modernen Menschen, der als Glied eines Uhrwerks „nur als Bruchstück" sich ausbilde (8, 186, 9). Die griechische Menschheit ist — das hatten auch Winckelmann und Herder gesagt, doch ohne die folgende Begründung — „ein Maximum, das auf dieser Stufe weder verharren noch höher steigen konnte. Nicht verharren, weil der Verstand durch den Vorrat, den er schon hatte, unausbleiblich genötigt werden mußte, sich von der Empfindung und Anschauung abzusondern und nach Deutlichkeit der Erkenntnis zu streben; auch nicht höher steigen, weil nur ein bestimmter Grad von Klarheit mit einer bestimmten Fülle und Wärme zusammen bestehen kann" (8, 188, 34). Somit verkennt Schiller nicht, daß zwar das Individuum durch den „Antagonism der Kräfte" verloren, die Kultur der Gattung aber gewonnen hat (8, 189, 12. 28). Ich kann deshalb auch nicht zugeben, daß Schiller erst in der Abhandlung über naive und sentimentalische Dichtung seine einseitige Griechenverehrung aufgegeben und zu einer gerechteren Würdigung moderner Kultur durchgedrungen sei, wie man wohl gemeint hat, sondern ich finde überall dieselbe Grundanschauung, nur daß je nach dem Zusammenhang bald die Vorzüge, bald die Nachteile der modernen Bildung betont werden. Schon im Jahr 1790 will Schiller mit Forster wegen seiner einseitigen Verherrlichung der Griechen eine Lanze brechen und gegen ihn die Partei der neuen Kunst nehmen [2] und in den ästhetischen Briefen spricht er es geradezu aus, daß er nur die nachteilige Richtung des Zeitcharakters aufdecken und nicht die Vorteile zeigen wolle, wodurch die Natur sie vergüte (8, 188, 28). Im 24. Brief scheint Schiller die Reihenfolge der Kulturstufen zu verändern, wenn er auf einen physischen Zustand den ästhetischen und mora-

---

[1] Goedeke 10, 44; die Fragmente aus den ästhetischen Vorlesungen Schillers fehlen leider bei Bellermann (vgl. 13, 505).

[2] Jonas 3, 18; vgl. auch Werke 6, 202, 6.

lischen folgen läßt (8, 255, 19), doch ist hier von der alten Stufenfolge nur die letzte, der Zustand der Vollendung, fortgelassen und dafür — wie auch Humboldt tat — vor der ästhetischen Kultur ein bloß physischer Zustand angesetzt[1]. Hatte Schiller schon früher die harmonische Ausbildung des ganzen Menschen als unerreichbare Aufgabe bezeichnet (8, 97, 23; vgl. 217, 21), so heißt es jetzt auch vom Zustand roher Natur, er sei bloß Idee (257, 20); und nicht nur von den Griechen ist hier die Rede, sondern jeder Mensch muß wie die Gattung die Entwicklung vom physischen durch den ästhetischen zum moralischen Zustand durchmachen (8, 255, 20). Dem entspricht es, wenn der Gegensatz des Naiven und Sentimentalischen, der dasselbe bezeichnet wie die ästhetische und moralische Kultur, nicht mehr ausschließlich auf das Verhältnis der Griechen zur Gegenwart bezogen wird, obwohl immer noch die Griechen das Hauptbeispiel naiver Denkart bleiben. Der Grieche hat in der Kultur die Natur nicht verlassen (8, 329, 1), er war einig mit sich selbst (329, 10), er wirkt als ungeteilte sinnliche Einheit, als harmonierendes Ganze (8, 335, 29), während der moderne Mensch nur nach Einheit strebt (336, 5). Auf diesem Gegensatz im allgemeinen Charakter beruht auch der Unterschied zweier Dichtungsarten, der naiven und sentimentalischen. Der naive Dichter rührt durch Natur, der sentimentalische durch Ideen (8, 337, 1); der erste zeigt uns nur das Objekt, er tritt hinter seinem Werk zurück (8, 331, 20), der andere reflektiert über den Eindruck, den die Gegenstände auf ihn machen, bezieht sie auf eine Idee (8, 340, 17. 20). Jener hat die sinnliche Realität voraus, dieser den größeren Gegenstand (durch die Beziehung auf das Ideal); „jener erfüllt also zwar seine Aufgabe, aber die Aufgabe selbst ist etwas Begrenztes; dieser erfüllt zwar die seinige nicht, aber die Aufgabe ist ein Unendliches"[2]. Doch erschöpft weder der naive noch der sentimentalische Charakter das Ideal schöner Menschlichkeit, das nur aus der innigen Verbindung beider hervorgehen kann (8, 394, 23; vgl. 380, 5). Gegen diese Schillersche

---

[1] 8, 335, 28 unterscheidet Schiller ausdrücklich rohe Natur von der Natur, die er bei den Griechen findet.

[2] 8, 376, 20. 377, 4; vgl. Jonas 4, 365 ff.

Abhandlung hat Lotze [1] manche Bedenken vorgebracht und vor allen Dingen — wohl mit Recht — betont, daß die sentimentalische Empfindungsweise zwar zu einer reflektierenden Dichtung verführe, aber eine objektive Darstellung nicht unbedingt ausschließe. Shakespeare wird von ihm als Beispiel eines zugleich sentimentalen und objektiven Dichters genannt. Es sei daran erinnert, daß auch Goethe [2] und nach ihm Gervinus [3] Shakespeare als Überwinder des Gegensatzes von naiver und sentimentalischer Dichtung gefeiert haben. Manche Einzelheiten — z. B. die Bezeichnung der Troubadours und Minnesänger, die Schiller schwerlich gekannt hat, als naiver Dichter [4] — mögen noch anfechtbarer sein, im ganzen war hier, wie höchstens nur in den Aufsätzen von Humboldt, am tiefsten und klarsten ausgesprochen, was das 18. Jahrhundert bei den Griechen suchte, und außerdem waren zwei Grundtypen dichterischer Empfindungsweise glänzend charakterisiert. Und bedeutsam ist es auch, daß der Gegensatz des Naiven und Sentimentalischen nicht mehr eine bloß historische Bedeutung hat: Goethe und Shakespeare werden zu den naiven Dichtern gezählt, während umgekehrt auch bei den Alten Spuren der sentimentalischen Empfindungsweise gefunden werden (8,330,15). Bildet somit Schillers Abhandlung auf der einen Seite den Abschluß der Bestrebungen des 18. Jahrhunderts, sich den Geist griechischer Kultur und Dichtung anzueignen, so ringt sich hier andrerseits die Erkenntnis durch, daß sich die Geschichte nicht *a priori* konstruieren läßt, und damit war einer rein wissenschaftlichen Behandlung der griechischen Geschichte die Bahn geöffnet.

Ohne daß seine Schriften im einzelnen einen engen Anschluß an seine Vorgänger zeigten, erkennen wir bei Schiller deutlich den Einfluß gewisser zu seiner Zeit herrschender Anschauungen über das Wesen der griechischen Bildung. Nach historischen Gründen für diese glückliche Entwicklung sucht er nicht, sondern begnügt sich mit einer rein philosophischen Begründung, wobei er sich die auf Grund der Leibniz-Baum-

---

[1]) Gesch. d. Ästh. S. 360 f. — [2]) Weim. Ausg. 41, 1, 63, 19.
[3]) Shakespeare 2, 506. — [4]) 8, 381 Anm.; Jonas 4, 434.

gartenschen Lehre entwickelte Theorie aneignet und fortbildet. Am meisten erinnert seine Darstellung an die Ideen Herders und Humboldts, in der Charakteristik der naiven und sentimentalischen Dichtung scheinen Reminiszenzen an Garve vorzuliegen, doch hatte z. B. auch Klopstock Ähnliches ausgesprochen [1].

Nicht minder deutlich als bei Schiller ist in Friedrich Schlegels Jugendschriften die Abhängigkeit von älteren Autoren zu erkennen [2] und es ist daher nicht zu verwundern, wenn er, von derselben Grundlage ausgehend, in vielen Punkten mit Schiller zusammentrifft. Rühmt Schlegel die freie Menschlichkeit der Hellenen gegenüber dem abenteuerlichen Heroismus der romantischen Zeit (1, 128, 7. 21), ihre unbefangene Natürlichkeit gegenüber der falschen Scham (1, 154, 28), die Totalität des griechischen Charakters gegenüber unserer Zerstückelung und Verworrenheit (1, 21, 23. 50, 30), feiert er das glückliche Ebenmaß und vollkommene Gleichgewicht, das von der einseitigen Beschränkung einer abweichenden Anlage und von der Verkehrtheit künstlicher Mißbildung so weit entfernt ist (1, 127, 13), so vertritt er dieselben Ansichten wie Schiller (8, 121, 5. 183, 30); ähnlich hatten aber auch schon Joh. Elias Schlegel, Lessing, Herder u. a. den griechischen Charakter geschildert. Findet Schlegel in der modernen Poesie ein totales Übergewicht des Charakteristischen, Individuellen und Interessanten (1, 95, 12. 103, 17 u. ö.), so ist das eine Fortbildung des bekannten Gegensatzes der nach dem Ausdruck strebenden modernen und der den Ausdruck der Schönheit unterordnenden antiken Kunst. Die Antithese schön und interessant findet sich schon bei Humboldt [3]; im Ideenreichtum hatten Garve u. a. den Vorzug der modernen Dichtung gesehen, wie Schlegel meinte, der Zweck vieler moderner und trefflicher Kunstwerke sei ein philosophisches Interesse (1, 103, 20). Und

---

[1] Vgl. Cholevius, Geschichte der deutschen Poesie nach ihren antiken Elementen I, 510.

[2] Wie stark sich in der Abhandlung „Von den Schulen der griechischen Poesie" der Einfluß Winckelmanns geltend macht, hat Dilthey gezeigt (Leben Schleiermachers S. 216 Anm.)

[3] Horen 1795, 4, 31.

wiederum lassen sich der Formel Schlegels Schillersche Sätze
zur Seite stellen: dem „philosophischen Interesse" entspricht
es, wenn nach Schiller (8, 337, 2) der moderne Dichter durch
Ideen rührt; und wenn Schlegel ein ungerechtfertigtes Vor-
drängen der Individualität des Dichters bei den Neuern tadelt,
so rühmt Schiller, daß der naive Dichter hinter seinem Werk
zurücktrete (8, 331, 23). Wiederholt betont Schiller die Neigung
des sentimentalischen Dichters zum Reflektieren; damit ist
Schlegels Meinung verwandt, die neuere Poesie stehe unter
der Herrschaft von Begriffen (1, 98, 20), was freilich nicht auf
die Reflexion über das Verhältnis von Ideal und Wirklichkeit
geht, sondern nur auf die oft hervorgehobene Abhängigkeit
der neueren Kunst von der Theorie; beides aber bezeichnet
einen Gegensatz gegen die Schaffensweise des naiven Dichters.

Aber nicht bloß in einzelnen Punkten der Charakteristik
griechischen Geistes und griechischer Dichtung stehen sich
die Ansichten Schillers und Schlegels nahe, auch die Gesamt-
tendenz ist dieselbe, obwohl Schiller seinem Rivalen Gräkomanie vorgeworfen hat und auch die meisten Forscher den
Vorwurf als berechtigt anerkannt haben. Blickt man auf einzelne
enthusiastische Urteile, die Schlegels Neigung zu Superlativen
ihren Ursprung verdanken, so könnte es allerdings so scheinen,
als spräche hier ein Verächter moderner Kultur und Dichtung;
und deshalb war Schlegels Befürchtung nicht unberechtigt,
man würde seine Arbeit für eine Parteischrift halten, während
sie doch ein Richterspruch sein solle[1]. Das ist keine leere
Redensart, ebensowenig wie die Versicherung der Vorrede, daß
er es ehrlich mit der modernen Poesie meine, daß er mehrere
moderne Dichter von Jugend auf geliebt, viele studiert habe und
einige zu kennen glaube (1, 78, 44). In der Tat zeigt sich in
Friedrichs Briefen schon früh ein Interesse für neuere Dichtung
und er erwartet von ihr eine große Entwicklung: „Mir däucht,
der Tag bricht an unter uns, und wenn es wird, wird es ein
großer Tag werden"[2]. Als das eigentliche Problem der Poesie
gilt ihm die Vereinigung des Wesentlich-Antiken und Wesent-
lich-Modernen, und er meint, Goethe habe den Anfang gemacht,

----

[1]) An Schiller, 28. Juli 1796; Pr. Jbb. 9, 227.
[2]) Walzel S. 89.

sich diesem Ziel zu nähern[1]. So erkennt Schlegel denn auch
in seiner programmatischen Abhandlung an, daß die besten der
neuern Dichter nach dem Ewigen, nach Übereinstimmung und
Befriedigung in ihren Werken streben. nur ist ebensooft
Wahrheit und Sittlichkeit der Zweck dieser Dichter als Schönheit; doch erfordern ihre Werke eine gleiche, wo nicht eine
höhere Schöpferkraft und künstlerische Weisheit, wie die Darstellung der Fülle und Kraft in vollständiger Übereinstimmung
(1, 88, 10. 30. 14). Man nehme noch das enthusiastische Urteil
über Shakespeare hinzu (1, 107, 20) — der Abschnitt über
romantische Dichtung (1, 160 ff.) ist vielleicht ein späterer Zusatz , um sich davon zu überzeugen, daß Schlegel von einer
Geringschätzung der neuern Dichtung weit entfernt ist[2]. Er
erkennt ihren unerschöpflichen Gehalt an (1, 87, 6) und wirft
den „Barbaren" nur das vor, daß ihnen die Schönheit an sich
selbst nicht gut genug sei, daß ihnen nur durch einen merk-
würdigen, reichen, neuen und sonderbaren Inhalt oder durch
einen wollüstigen Stoff die Darstellung wichtig und interessant
werden könne (1. 125, 6. 11). Die Herrschaft des Interessanten,
Charakteristischen und Manirierten, die er in der modernen
Dichtung findet, erscheint ihm als eine wahre ästhetische
Heteronomie (1, 121, 30). In diesem Sinne also, weil das Gesetz der griechischen Kunst allein Schönheit ist, gilt diese als
Urbild der Kunst und des Geschmacks (1, 124, 15. 133, 16), in
diesem Sinne soll sie nachgeahmt werden. Als Mittelpunkt der
ganzen Abhandlung kann der Satz gelten: „Die sittliche Fülle,
die freie Gesetzmäßigkeit, die liberale Humanität, das schöne
Ebenmaß, das zarte Gleichgewicht, die treffende Schicklichkeit,
welche mehr oder weniger über die ganze Masse zerstreut sind;
den vollkommnen Stil des goldnen Zeitalters, die Echtheit
und Reinheit der griechischen Dichtarten, die Objektivität
der Darstellung; kurz den Geist des Ganzen die reine Griech-
heit soll der moderne Dichter, welcher nach echter schöner

<hr>

[1] Walzel S. 170.

[2] Nicht auf die Dichtung speziell, sondern auf die Kultur im allgemeinen
bezieht sich eine Warnung vor Geringschätzung der Neuern, deren sich die
Freunde der Alten meist schuldig machen: „sie ahnden nicht mehr die höhere
Einheit, zu der die Verwirrung so mächtig hinstrebt" (DNL. 143, 251, 11.

Kunst streben will, sich zueignen" (1, 166, 11.) Diesen Satz
hätte auch Schiller unterschreiben können, hatte doch auch er
den Vorzug der modernen Poesie in ihrem Gehalt, den der
alten in der künstlerischen Vollendung gefunden. Wenn er
trotzdem über Schlegels Arbeit schroff aburteilte, so war einmal
die durch Schlegels Rezension seines Almanachs (s. u. S. 34)
hervorgerufene Gereiztheit daran schuld; dann lag es aber
auch daran, daß er die Abhandlung zuerst nur in einem dürftigen
Auszug kennen gelernt hatte [1].

Ein direkter Einfluß Schillers auf Friedrich Schlegel [2] scheint
sich vornehmlich auf einen Punkt zu erstrecken, auf den Versuch, die Notwendigkeit des Verfalls der griechischen Kultur
zu erweisen. Wie Schiller unterscheidet Schlegel in der Abhandlung „Vom ästhetischen Wert der griechischen
Komödie" drei Kulturstufen. Bei den Griechen war die Kunst
ein Produkt des freien, sich selbst überlassenen Genies (1, 17, 19),
aber „freie menschliche Bildung findet in sich selbst ihr Ende,
weil früher oder später die Sinnlichkeit das Übergewicht
gewinnen muß" [3]. Bei uns dagegen ist Absicht das Prinzip
der menschlichen Bildung, diese beginnt damit, den Menschen
zu zerspalten, seine höhere Natur zu isolieren, „die Sinnlichkeit ist alsdann im Stande der Unterdrückung oder der Empörung;
das Natürliche ist ohne Bildung nicht schön, die Freude darf

[1] Vgl. Bernays, Schriften 2, 223 ff.

[2] Als Schlegel zuerst schriftstellerisch hervortrat, waren Schillers Thalia-
abhandlungen sämtlich erschienen. Die beiden ersten Horenstücke, den 1.--16.
der ästhetischen Briefe enthaltend, wurden Ende Januar und Anfang März 1795
ausgegeben (Jonas 4, 109. 111. 137); sie können zuerst auf die Aufsätze „Über
die Grenzen des Schönen" und „Über die Diotima" gewirkt haben, vielleicht
auch auf die bei Schlegels Lebzeiten ungedruckt gebliebene Studie „Vom
Wert des Studiums der Griechen und Römer", die jedoch bereits im November 1794 in Angriff genommen war; die Absendung der beiden ersten
Arbeiten meldet Schlegel seinem Bruder am 7. April, die der letzten am
4. Juli 1795. In vollem Umfang können die ästhetischen Briefe erst für die
große, im Frühjahr 1794 begonnene, im Dezember 1795 abgeschlossene Abhandlung „Über das Studium der griechischen Poesie" benutzt worden sein.
„Naive und sentimentalische Dichtung" endlich kann erst auf die Vorrede
und höchstens auf einige bei der Korrektur hinzugefügte Stellen (vgl. oben
S. 2 Anm.) einen Einfluß gehabt haben.

[3] 1, 14, 16; ähnlich schon im ältesten Aufsatz: „Nur die Absicht kann die
Werke des Triebes verewigen, isoliert erzeugt der Trieb nichts Beharrliches" 1, 8, 35.

nicht frei sein" (1, 17, 24); in später Zukunft wird vielleicht die
Absicht mit Natur endigen, aus Gesetzmäßigkeit Freiheit
werden (1, 17, 31). Bei aller Verschwommenheit des Ausdrucks
springt hier die Abhängigkeit von „Anmut und Würde" deutlich ins
Auge. Schiller unterscheidet die Gesetzgebung der Natur durch
den Trieb und die Gesetzgebung der Vernunft aus Prinzipien
(8, 100, 1), er betont die Vergänglichkeit des Genies, soweit es
bloßes Naturerzeugnis ist und sich nicht durch Grundsätze,
Geschmack und Wissenschaft stärkt (8, 82 Anm.), schildert die
Unterdrückung der Sinnlichkeit, wenn sich der Mensch seiner
reinen Selbsttätigkeit bewußt wird (8, 87, 4. 15), und zeichnet das
Ideal der schönen Seele, in der Sinnlichkeit und Vernunft, Pflicht
und Neigung harmonieren (8, 96, 4). Auch die Anwendung
dieser verschiedenen Entwicklungsstufen auf das Verhältnis
der Griechen und der Neuern war durch die Art, wie Schiller
die Griechen schilderte, nahegelegt (8, 59, 6). Noch an verschiedenen Stellen späterer Aufsätze hat Schlegel dasselbe
Problem erörtert und sich dabei von den inzwischen erschienenen ästhetischen Briefen leiten lassen. Im Aufsatz
„Über die Grenzen des Schönen" kontrastiert er die
Totalität griechischer Bildung und unsere Zerstückelung, fügt
aber hinzu: „Unsere Mängel selbst sind unsere Hoffnungen:
denn sie entspringen eben aus der Herrschaft des Verstandes,
dessen zwar langsame Vervollkommnung gar keine Schranken
kennt" (1, 22, 2). Auch nach Schiller war die „Zerstückelung"
für den Fortschritt notwendig; er nennt die griechische Menschheit ein Maximum, das auf dieser Stufe weder verharren noch
höher steigen konnte. „Nicht verharren, weil der Verstand
durch den Vorrat, den er schon hatte, unausbleiblich genötigt
werden mußte, sich von der Empfindung und Anschauung abzusondern und nach Deutlichkeit der Erkenntnis zu streben;
auch nicht höher steigen, weil nur ein bestimmter Grad von Klarheit mit einer bestimmten Fülle und Wärme zusammen bestehen
kann" (8, 188, 30. 189, 10). Noch enger schließt sich Schlegel
in der Abhandlung „Über das Studium der griechischen
Poesie" an diesen Schillerschen Satz an; wenn, so führt
Schlegel aus, der „gesamte zusammengesetzte menschliche
Trieb" das lenkende Prinzip der Bildung ist (wie bei den

Griechen), „so entwickeln, wachsen und vollenden sich alle
Bestandteile der strebenden Kraft, der sich bildenden Menschheit gleichmäßig, bis die Fortschreitung den Augenblick erreicht
hat, wo die Fülle nicht mehr steigen kann, ohne die Harmonie
des Ganzen zu trennen und zu zerstören" (1, 132, 32). Darauf
gründet sich die Bezeichnung der griechischen Kunst als eines
relativen Maximums, als eines vollständigen Beispiels der un-
erreichbaren Idee; denn da die Kunst unendlich perfektibel sei,
sei ein absolutes Maximum in ihr nicht möglich (1, 133, 11. 22) [1].
Hier muß noch in Kürze eine seltsame Konstruktion
Schlegels erwähnt werden, die, auf dem Boden der eben
charakterisierten Anschauung erwachsen, in Schlegels Schriften
auch noch in seiner zweiten Periode immer wiederkehrt. In der
Abhandlung „Vom Wert des Studiums der Griechen und
Römer" setzt sich Schlegel die Aufgabe, Herders naturalistische
und Kants teleologische Geschichtsbetrachtung in der Art zu
vereinen, daß jene für das Altertum, diese für die Neuzeit
gelten soll. Daß nur ein völliges Mißverstehen von Kants
und Herders Meinung zu dieser Ansicht führen konnte, ist
sicher; wie Schlegel dazu gekommen ist, der alten Geschichte
das System des Kreislaufs, der neuern das des Fortschritts zu
vindizieren, läßt sich leicht erkennen. Aus Winckelmann, Herder
und aus griechischen Historikern war ihm die Vorstellung vom
Kreislauf der antiken Bildung geläufig; andrerseits erklärt er
(DNL. 143, S. 256 Anm.), nur die Hoffnung einer unendlichen
Vervollkommnung befriedige die praktische Vernunft, und mit
dieser Auffassung wieder scheint ihm — die Condorcet-Rezension
spricht es aus (2, 54, 35) — der Fall der antiken Bildung zu
streiten; während nach Kants Meinung immer ein Keim der
Aufklärung übrigblieb, der, durch jede Revolution mehr entwickelt, eine folgende höhere Stufe der Verbesserung vorbereitete [2].
Einer solchen Konstruktion hätte Schiller als Kantianer nie zugestimmt (6, 200, 13), wenn auch dem Anm. 1 zitierten Brief an
Körner eine verwandte Anschauung zugrunde liegt.

[1]) Wie nahe Friedrich sich hier mit Schiller berührt, zeigt ein Brief des
letzteren an Körner (Jonas 6, 336): „Es gibt freilich in der Kunst ein Maximum,
aber nicht in der modernen, die nur in einem ewigen Fortschritt ihr Heil
finden kann."
[2]) Ausg. v. Rosenkranz 7, 1, 333.

Selbständiger als in den geschichtsphilosophischen Theorien ist Schlegel in den rein historischen oder literarhistorischen Abschnitten seines Werkes (z. B. 1, 93 ff. 139 ff.). Mit dem Bestreben, die Entwicklung der modernen Poesie durch eine vertiefte Kenntnis der Antike zu fördern, verbindet sich bei ihm das rein wissenschaftliche Interesse des Historikers und daraus erklären sich manche Unterschiede und Gegensätze in den Schriften Schillers und Schlegels. So widerstrebt es dem letzteren, Sophokles und Shakespeare in einer Klasse vereinigt zu sehen; an ihrer Kunst vielmehr sucht er sich den charakteristischen Unterschied antiker und moderner Dichtung klar zu machen. Diesen Unterschied findet er darin, daß nicht Schönheit das höchste Gesetz Shakespeares ist, sondern ein charakteristisches und philosophisches Interesse (1, 108, 38); „nichts ist so widerlich, bitter, empörend, ekelhaft, platt und gräßlich, dem seine Darstellung sich entzöge, sobald als ihr Zweck dessen bedarf" (1, 108, 46). Das ist nichts als die nähere Ausführung des von Schiller [1] später verworfenen Gegensatzes von Schönheit und Ausdruck, in dem bereits Lessing das unterscheidende Merkmal der Alten und Neuern finden wollte [2]. Weiter betont Schlegel, daß Shakespeares Darstellung nie objektiv sei, sondern durchgängig maniriert, d. h. daß sich eine individuelle Richtung des Geistes in Darstellungen, die idealisch sein sollen, äußere (1, 109, 9. 18). Diese Stelle muß Schiller durch Humboldt mitgeteilt worden sein, denn er schreibt diesem am 9. Januar 1796 [3], das Urteil über Shakespeare beweise, daß sich Schlegel mehr an das grobe Phänomen gehalten; seine Manier sei das erste, was einem auffalle und bei manchem oft das einzige. Schlegel hielt auch nach dem Erscheinen der Schillerschen Abhandlung an seiner Auffassung fest (1, 83, 20) und das ist wohl erklärlich, da dem Historiker daran liegen mußte, die Unterschiede der Hauptrepräsentanten griechischer und moderner Kunst festzustellen; nur die Objektivität Shakespeares hätte er

---

[1] Jonas 5, 216.

[2] Vgl. Schillers Xenion 840, das durch den Hinweis auf den Ödipus gegen eine Ansicht protestiert, die nur das Harmonische in den antiken Tragödien hervorhebt.

[3] Jonas 4. 388.

nicht leugnen sollen. Übrigens betont auch Schlegel gelegentlich eine gewisse Verwandtschaft Shakespeares und der Alten; einmal nennt er Shakespeare den gotischen Sophokles (2, 11, 3), ein anderes Mal findet er bei aller Verschiedenheit in seiner und Goethes Kunst dasselbe Prinzip wie in den Werken des Homer: sie stellen nicht das Allgemeine im Einzelnen dar, sondern erheben das Einzelne zum Allgemeinen (1, 65, 15). Auch in der Beurteilung Goethes zeigt sich eine ähnliche Differenz, wie in der Shakespeares; Schiller zählt ihn zu den naiven Dichtern, während er nach Schlegel in der Mitte zwischen dem Interessanten und dem Schönen, dem Manirierten und dem Objektiven steht [1].

Andere Unterschiede der Ansichten Schillers und Schlegels beruhen darauf, daß jenem eigentlich nur Homer und Sophokles als Repräsentanten des klassischen Altertums gelten, während Schlegel ihnen nicht nur Aristophanes zur Seite stellt, sondern auch griechische Staatskunst und Sitte als vorbildlich für die Gegenwart ansieht. In diesem Sinn kann man ihm allerdings den Vorwurf der Gräkomanie machen. Die Komödie des Aristophanes gilt ihm als das Ideal des rein Komischen (1, 11, 13). In der schönen Fröhlichkeit, dem besonnenen Mutwillen, der überschäumenden Lebensfülle sieht Schlegel das Wesen der griechischen Komödie (1, 18, 3. 17) und er verteidigt auch die Anspielungen auf Dichter und Publikum (1. 18, 12). Darin liegt doch wohl schon der Keim der später deutlicher hervortretenden Vorliebe für phantastische Dichtungen und der sich über das eigene Werk erhebenden Ironie (1, 18, 20), wie auch die Charakteristik der romantischen Poesie in Schlegels Abhandlung „Über das Studium der griechischen Poesie" die beiden Merkmale der Phantasterei und Parodie hervorhebt und darin eine eigentümliche, wenn auch untergeordnete Schönheit einer neuen reizenden Zwitterbildung erblickt (1, 160, 36. 161, 22). Allerdings bleiben solche Forderungen zunächst auf eine bestimmte Gattung beschränkt. Schiller kannte den Aristophanesaufsatz; die Idee wollte er nicht verwerfen, aber die Ausführung und Erklärung befriedigten ihn nicht ganz

---

[1] I, 115, 14; vgl. Walzel S. 270.

und er fand viel Willkürliches darin[1]; er mochte die Hervorhebung der im Grunde ernsten Tendenz des Aristophanes vermissen[2].

Endlich gelten, wie erwähnt, Friedrich Schlegel auch in der Politik und Sitte die Griechen als unübertroffene Muster. Auch von der politischen Bildung der Alten haben die Neuern noch viel zu lernen (2, 64, 15), nur im echten Staate der Lacedämonier konnte die wahre Vaterlandsliebe gedeihen (1, 26, 11), die Solonische Gesetzgebung ist „das höchste Kunstwerk der Gerechtigkeit, Weisheit und Schonung, worauf das ganze menschliche Geschlecht stolz sein darf" (1, 72, 10). Ferner wird die Rechtfertigung der Stellung der griechischen Frau zu ihrer Verherrlichung; die Richtung der griechischen Sitten ging aufs Notwendige, die der unsrigen auf das Zufällige und Einzelne; sie strebten, das Geschlecht der Gattung unterzuordnen, bei uns herrscht überladene Weiblichkeit und übertriebene Männlichkeit (1, 59, 12). In beiden Punkten ist Schiller anderer Meinung. Zwar erkennt auch er an, daß in Sparta die Vaterlandsliebe vor allem entwickelt wurde, übt sonst aber eine abfällige Kritik an der Lykurgischen Gesetzgebung[3] (14, 446 ff.); mehr Anerkennung findet die Solonische (14, 466 ff.); in einer Note zu Humboldts Aufsatz „Über das Studium des Altertums" dagegen bemerkt er: „Auch muß man nicht vergessen, daß die Griechen es auch im Politischen nicht über das jugendliche Alter brachten, und es ist sehr die Frage, ob sie in einem männlichen Alter dieses Lob noch verdient haben würden" (DLD. 58/62, 19, 29). Die verschiedene Ansicht Schillers und Schlegels über weibliche Bildung trat scharf in der Rezension des letzteren über die „Würde der Frauen" zutage (2, 4, 10) und Schiller hat mit Bezug auf Schlegels Abhandlung in einem Brief an Humboldt[4] und in einer Anmerkung seines Aufsatzes über naive und sentimentalische Dichtung (8, 380, 17) seiner

---

[1] Jonas 1, 45.   [2] Vgl. Schiller 8, 347, 11.

[3] Der Aufsatz rührt bekanntlich zum größten Teil von Schillers früherem Lehrer Nast her (Goedeke 9, VIII ff.); doch ist das zitierte Urteil ein Zusatz Schillers (vgl. Ausg. v. Bellermann 14, 24 Anm.).

[4] Jonas 4, 355.

Meinung Ausdruck gegeben; er sah weder im Verhältnis der
Geschlechter bei den Alten, noch in den Schilderungen der
weiblichen Natur bei den griechischen Dichtern einen Vorzug
vor der modernen Bildung und Poesie.

Soviel mag genügen, um Übereinstimmung und Gegensatz
in den Ansichten Schillers und Schlegels über griechische
Kultur und Kunst zu charakterisieren. Erwägt man, wie beide
sich für dieselben Probleme interessierten und in einigen Punkten
unabhängig von einander zu denselben Resultaten gekommen
waren, so wird man begreifen, wie stark die Wirkung des
Schillerschen Aufsatzes über naive und sentimentalische Dichtung
auf Schlegel sein mußte. Mehrere Tage lang konnte er nichts
anderes tun, als ihn lesen und Anmerkungen schreiben; er
habe ihm wirklich Aufschlüsse gegeben, erklärt er dem Bruder
am 15. Januar 1796 [1]; bereits am 19. aber schlägt er schon
seinen überlegenen Ton an und meint, das seien in wissenschaftlicher Hinsicht alles nur Vorarbeiten, gesteht jedoch auch
noch, daß er viel daraus gelernt habe [2]. Er sah sich jedenfalls veranlaßt, seinem Werk eine Vorrede hinzuzufügen, um
sich darin mit Schiller auseinanderzusetzen. Diesem schrieb
er am 28. Juli (Pr. Jbb. 9, 227), seine Abhandlung erfülle ihn
mit Ekel und Unwillen, sie habe den Schein einer Parteischrift, da sie doch ein Richterspruch sein solle; das Ende
mache einiges gut, das Übrige hätte er in einer Einleitung
nachzuholen gesucht. In dieser Vorrede nun erklärt Schlegel
vor allen Dingen, daß ihm erst durch Schiller für sentimentale
Elemente in spätgriechischen und römischen Dichtern die
Augen geöffnet seien. Als merkwürdig für die Charakteristik
des Sentimentalen hebt er das Interesse an der Realität des
Idealen hervor und folgert daraus, da das Wohlgefallen am
Schönen uninteressiert sei, das Schöne sei nicht das Ideal der
modernen Poesie (1, 81, 2. 82. 16). „Die objektive Poesie aber
weiß von keinem Interesse und macht keine Ansprüche auf
Realität. Sie strebt nur nach einem Spiel, das so würdig sei,
als der heiligste Ernst, nach einem Schein, der so allgemein-
gültig und gesetzgebend sei als die unbedingteste Wahrheit"

[1] Walzel S. 253. -- [2] Ebd. S. 257.

(1, 81, 5). Obwohl er sich hier gegen Schiller zu wenden scheint, steht er durchaus auf dem Boden der Schillerschen Ästhetik und ist offenbar direkt von ihr abhängig[1]; wenn Schiller im Ideengehalt den Vorzug der sentimentalischen Poesie erblickt, ist das freilich nichts spezifisch Ästhetisches. Gegen Schiller will Schlegel aber an seiner Charakteristik Shakespeares festhalten und nur die Bezeichnung „philosophische Tragödie" aufgeben und durch „interessante Tragödie" ersetzen (1, 83, 23. 29).

Von Friedrich Schlegels späteren Arbeiten zur griechischen Literaturgeschichte verraten die Aufsätze des Athenäums deutlich den „Romantiker" (vgl. Kap. III); Schiller wird weder im Aufsatz über die griechischen Idyllen, noch in dem über die Elegien genannt, obwohl Friedrich doch durch Schillers Herleitung und Erklärung der Elegie befriedigt war[2]. Die Geschichte der Poesie der Griechen und Römer zeigt noch gelegentlich Reminiszenzen an Schiller (1, 275, 26. 290, 14. 314, 24), anderes erinnert an den Ideenkreis des Athenäums[3]; im allgemeinen gelingt Schlegel hier durch den Verzicht auf theoretische Erörterungen und durch Beschränkung auf das rein Historische ein auch von Autoritäten wie A. Böckh u. a.[4] anerkanntes Werk. Merkwürdig ist es, wie wenig Schlegel sich scheut, seinen früheren Ansichten zu widersprechen; hatte er früher ein Charakteristikum der Modernen darin gefunden, daß öfter Wahrheit und Sittlichkeit ihr Zweck war als Schönheit (1, 88, 31), so sagt er jetzt auch von griechischen Didaktikern: „Ihr Zweck war Wissenschaft und Wahrheit" (1, 349, 32); hatte er früher die Totalität und Harmonie der Griechen gerühmt (1, 21, 16. 127, 12. 166, 12 u. ö.), so heißt es jetzt: „Die Hellenen waren nichts, was sie waren, halb, sondern bis zur schneidendsten Einseitigkeit entschieden und kräftig" (1, 274, 40).

---

[1]) Vgl. Schiller 8, 223, 8. 270, 32. 341, 24. 369, 19. — [2]) Walzel S. 263.
[3]) Ironie 1,239,13. 310,10; Hervortreten des Künstlers aus dem Kunstwerk 1,294,8, doch vgl. 1,18,12; die Kunst darf alles 1,338,21.
[4]) Vgl. Dilthey S. 218, Haym 194 ff.

In dem bereits einmal zitierten Brief Humboldts an Schiller vom 29. Dezember 1795, worin er diesem einiges über Schlegels Abhandlung „Über das Studium der griechischen Poesie“ mitteilt, weiß er noch von einem andern Plan Friedrichs zu berichten: „Wie er mir schreibt, ist er weder mit Ihrer noch mit der Kantschen Theorie über das Schöne einig und denkt eine eigene aufzustellen. Die Fichteschen Ideen scheinen in ihm herumzugehen“. Trotz dieser Abneigung gegen Schillers Theorie verraten auch die ästhetischen Ansichten Friedrichs, daß er Schillers Schriften — auch seine Briefe bestätigen das[1] — aufmerksam gelesen hat. Einige Einzelheiten mögen das illustrieren. Gegen eine Behauptung Schillers scheint Friedrich zu polemisieren, wenn er die Behandlung des Schicksals bei den Griechen verteidigt und darauf hinweist, daß sie nichts in die Darstellung mischten, was nicht dargestellt werden kann. „Nicht durch die geglaubte Göttlichkeit der Natur jenseits des ewigen Vorhanges . . sondern durch die sichtbare Göttlichkeit des Menschen sucht er jeden Mißlaut aufzulösen und eine vollständige Befriedigung zu gewähren“ (1, 158, 19). Schiller hatte nämlich in seinem Aufsatz „Über die tragische Kunst“ die blinde Unterwürfigkeit unter das Schicksal bei den Alten getadelt und in dem Bewußtsein einer teleologischen Verknüpfung der Dinge, einer erhabenen Ordnung, eines gütigen Willens die höchste Stufe, zu welcher die rührende Kunst sich erheben kann, gefunden (8, 40, 15. 27). In einem Brief vom 29. September 1793 hatte Schlegel sich mit Schillers Ansicht einverstanden erklärt[2] und später schloß er nicht bloß seinen Alarkos mit einem Ausblick in „das Reich jenseits des ewigen Vorhangs“, sondern entwickelte auch eine Theorie, in der er Schillers Gedanken wieder aufnahm (s. Kap. V). — An Schillers Ideal der schönen Seele erinnert es, wenn Schlegel ein Zusammenwirken der beiden heterogenen Naturen des Menschen fordert, damit die Freude in ihrer Natürlichkeit schön sei (1, 14, 9), und auch

---

[1] Über die ersten Thaliaaufsätze vgl. Walzel S. 39, 49, über „Anmut und Würde“ ebenda S. 117, über die ästhetischen Briefe ALG. 15, 429, über „naive und sentimentalische Dichtung“ Walzel S. 253, 257, 266. Den Aufsatz „Über den moralischen Nutzen ästhetischer Sitten“ hat Schlegel (2, 9, 29) rezensiert.

[2] Walzel S. 118.

die wirren Auseinandersetzungen der Studie „Über die Grenzen des Schönen" scheinen unter dem Einfluß derselben Anschauungen entstanden zu sein[1]. Wie Schiller nicht nur die Herrschaft, sondern auch die gewaltsame Unterdrückung des Naturtriebes verwirft, so tadelt Schlegel den verkünstelten Schwelger und „die Schlachtopfer der Anstrengung, die Sklaven des Nutzens, in denen steter Zwang zuletzt alle Schnellkraft des Triebes vernichtet"[2], und dem tierischen Genuß stellt er den Genuß des Schönen gegenüber (1, 23, 7. 22). — Ganz schillerisch[3] bezeichnet Schlegel das Schöne als einen Imperativ (1, 77, 9. 82, 39).   Besonders viel verdankt Schlegel den ästhetischen Briefen. Wie Schiller hier den mechanischen, schönen und politischen Künstler unterscheidet (8, 179, 12. 17. 24) oder der ästhetischen Kunst die Lebenskunst zur Seite stellt (224, 15), so kennt Schlegel eine mechanische und eine freie Ideenkunst, die wiederum in Lebenskunst (Sitten- und Staatskunst) und in darstellende Kunst zerfällt (1, 104 Anm.). Die Erklärung des tierischen Spiels als Entledigung überflüssiger Kraft (1, 148 Anm.) ist dem 27. Brief Schillers entnommen. Wenn Schlegel verlangt, im Kunstwerk müßten die Mittel scheinen frei zu dienen (1, 135, 42), oder es an Sophokles rühmt, daß bei ihm nicht die leiseste Erinnerung an Arbeit, Kunst und Bedürfnis sei (1, 140, 20), so lassen sich leicht Parallelen aus Schiller daneben stellen (8, 179, 21; 1, 116, V. 84). Auch zwei Zentralbegriffe der Schillerschen Ästhetik, den des Spiels und des Scheins, braucht Schlegel in mehr oder minder prägnanter Bedeutung. Bis auf den Wortlaut erstreckt sich die Abhängigkeit von Schiller (8, 222, 6. 241, 34), wenn Schlegel die Schönheit als einen mittleren Zustand zwischen dem Zwang des Gesetzes und des Bedürfnisses, als einen Zustand des freien Spiels und der bestimmungslosen Bestimmbarkeit bezeichnet (1, 119, 44). Die Freude am Schein hatte Schiller als das Phänomen genannt, durch welches sich bei den Wilden der Eintritt in die Menschheit verkündigt, und den ästhetischen

---

[1] Vgl. Haym S. 183.   [2] 1, 23, 3; vgl. Schiller 8, 87 f. 182 f.

[3] Vgl. Jonas 4, 44, Schiller 8, 69, 17. 221, 15: die Schönheit eine Pflicht der Erscheinungen.

Schein von dem falschen Schein, der Realität heuchelt, und
von dem unreinen, der der Realität zu seiner Wirkung be-
dürftig ist, unterschieden (8, 267, 21. 270, 32). Schlegel fragt:
„Es muß doch wohl nicht erst erwiesen werden, daß der Schein
ein unzertrennlicher Gefährte des Menschen sei?“, d. h. nicht
der Schein der Schwäche, des Irrtums, des Bedürfnisses, sondern
der freie Schein der spielenden Einbildungskraft (1, 120, ×). —
Die starke Wirkung des Aufsatzes über naive und sentimentalische Dichtung ist bereits zur Sprache gekommen; von
ihr zeugt auch der häufige Gebrauch der Ausdrücke naiv
(2, 17, 37. 32, 36. 92, 6) und sentimental (2, 43, 41. 47, 1), Idealist und
Phantast (2, 19, 26). Gegen Schiller selbst wendet Schlegel die
Waffen, die ihm seine Abhandlung dargeboten, in der Rezension
des Musenalmanachs für 1796, indem er erklärt, Schillers Un-
vollendung entspringe zum Teil aus der Unendlichkeit seines
Ziels, und ihm erhabene Unmäßigkeit vorwirft[1].

Schiller ist natürlich nicht der einzige, der auf Schlegels
ästhetische Anschauungen gewirkt hat, unverkennbar ist auch
der Einfluß von Kant und Fichte[2], ja auf Plato und Hemsterhuys als auf Vorbilder Schlegels ist hingewiesen worden[3]. Diese
verschiedenen Elemente sind nun keineswegs etwa zu einer ein-
heitlichen Gesamtanschauung verarbeitet; da es den Jugend-
aufsätzen Schlegels dazu auch an Klarheit und Präzision fehlt
und sich nur gelegentlich Ansätze zu einer Theorie finden,
so ist es kaum möglich, sich ein klares Bild von Schlegels
„Ästhetik“, wenn man so sagen darf, zu machen.

Ganz besonders gilt das von den im Aufsatz „Über die
Grenzen des Schönen“ vorgetragenen Ideen; mit vollem
Recht konnte Schiller dieser Abhandlung Verworrenheit des
Begriffs und Härte der Darstellung vorwerfen. Sagt Schlegel,
in der Kunst vermählen sich Fülle und Harmonie[4], so erinnert

---

[1] 2, 5, 7; vgl. Haym S. 203.

[2] Ganz unvermittelt wird 1, 110, 10 Kants Definition des Schönen fast
wörtlich wiedergegeben, ebenso 134, 23 Formeln Fichtes, ohne daß ihre
Namen genannt würden; auch die versprochene Begründung ist Schlegel
schuldig geblieben. Schlegels Urteil über Kants und Fichtes Bedeutung für
die Ästhetik: 1, 173, 5. 13. — [3] Haym S. 178. 183. 213.   [4] 1, 27, 5; vgl.
Walzel S. 155.

das wohl an das von Schiller geforderte Wechselverhältnis des auf Realität dringenden Stofftriebes und des nach Harmonie strebenden Formtriebes (8, 217, 21. 210, 10. 16), aber recht unklar ist es, wenn es heißt, alle Fülle sei eine Gabe der Natur, alle Harmonie ein Geschenk der Liebe (1, 27, 3), oder wenn Natur, Liebe und Kunst vereinigt die Bildung des Geschmacks vollenden sollen (1, 27, 11). — Definitionen des Schönen, Häßlichen und Erhabenen sucht Schlegel in der Abhandlung „Über das Studium der griechischen Poesie" zu geben. Das Schöne ist nach ihm die angenehme Erscheinung des Guten[1] (1, 133, 38; vgl. 23, 24. 38, 35), das Häßliche die unangenehme Erscheinung des Schlechten (1, 148, 11), womit zwar die sinnlich - sittliche Natur des Ästhetischen bezeichnet, es aber doch dem Moralischen allzu nah gerückt ist. Das Wesentliche der folgenden Auseinandersetzungen liegt wohl in den Worten: das Sinnliche soll nur Mittel des Schönen, nicht Zweck der Kunst sein, das Gemüt soll den Stoff und die Leidenschaft, der Geist soll den Reiz überwiegen (1, 134, 34. 135, 20); man wird darin einen Ausdruck desselben Gedankens sehen können, den Schiller durch die Formel wiedergibt, in einem wahrhaft schönen Kunstwerk soll der Inhalt nichts, die Form aber alles tun (8, 249, 7). Anderes ist völlig unverständlich. Wenn einmal der Reiz, der Schein und das Gute (1, 134, 31), wenige Zeilen darauf Mannigfaltigkeit, Einheit und Allheit (1, 135, 5) als „Bestandteile" des Schönen, oder wenn Erkenntnis, Sittlichkeit und Schönheit als Arten, Vielheit, Einheit und Allheit als Bestandteile des Guten bezeichnet werden (1, 134 , 25), so vermag ich darin nur Begriffsspielereien ohne jeden greifbaren Sinn und Wert zu sehen[2]. — Das Erhabene wird anscheinend auf Grund der Kant-Schillerschen Theorie als die Erscheinung des Unendlichen definiert, befremdlich ist nur der Zusatz: „unendlicher Fülle oder un-

---

[1] Nach Johann Adolf Schlegel sind die Künste die sinnliche Darstellung des Schönen und Guten Braitmaier 1, 307 .

[2] Mit den Begriffen Vielheit, Einheit und Allheit spielt Schlegel auch DNL. 143, 264 und in einem Brief an Wilhelm (Walzel S. 124). Von ähnlicher Art mögen die Tabellen gewesen sein, die Wilhelm in seines Bruders Nachlaß fand; richtig nennt er sie kombinatorische Versuche, ein Würfelspiel, ein Kartenlegen mit hypostasierten Begriffen, die in allen möglichen Anordnungen wiederkehren usw. Böcking 8, 287

endlicher Harmonie" (1, 149, 9). Sieht man, daß Schlegel an einer anderen Stelle (1, 243 Anm.) als Beispiele dieser zwei Arten des Erhabenen Aristophanes und Sophokles nennt, so scheint es fast, als ob „erhaben" nur ein Ausdruck für einen höheren Grad der Schönheit sein soll. — Als Ideal des rein Komischen feiert Schlegel die griechische Komödie, sie ist ein Rausch der Fröhlichkeit, ein Erguß heiliger Begeisterung (1, 11, 13. 25), während sich das „komische Genie" bei uns damit begnügt, „ernsthafte dramatische Handlungen aus dem häuslichen Leben mit seinen Reizen zu schmücken" (1, 11, 4). Als geistreiche Heiterkeit und Freiheit bezeichnet auch Schiller den von der Komödie hervorgebrachten Zustand (13, 407, 20; vgl. 157, 31. 8, 345, 4) und auch er beklagt, daß das lustige Lustspiel, die reine Komödie bei uns Deutschen durch das sentimentalische zu sehr verdrängt sei (13, 407, 14)[1]. Anderes, wie die Auffassung der Freiheit als „Willkür und Laune" (1, 13, 20) dürfte Schiller freilich weniger zugesagt haben.

In Übereinstimmung mit Kant und Schiller ist Schlegel bestrebt, die Grenzen der verschiedenen Bewußtseinsgebiete zu wahren. Er tadelt, daß der Zweck der neueren Dichter weit öfter Wahrheit und Sittlichkeit, als Schönheit sei (1, 88, 30), und warnt davor, die Grenzen der Wissenschaft und der Kunst, des Wahren und des Schönen zu verwirren (1, 88, 30. 89, 6; vgl. 83, 10. 119, 34). Wie jene betont er nachdrücklich die Autonomie der Kunst: „Wie die Wahrheit und die Tugend ist die Schönheit ein echtes erstgebornes Kind der menschlichen Natur und hat mit jenen ein gleiches vollgültiges Recht, niemand zu gehorchen als sich selbst" (1, 8, 6. 43. 13, 43. 156, 27). Nur ganz gelegentlich zeigen sich Spuren, daß die Wahrung der ewigen Grenzen von Schlegel nicht überall aufrechterhalten wird; so wenn er einem „systemlosen, lyrischen Philosophieren" eine gewisse Berechtigung zugesteht (1, 63, 11) oder von der Reue sagt, die Bedingung ihrer Sittlichkeit, wie aller Gefühle, sei Schönheit (2, 104, 30).

Wiederholt beschäftigt sich Schlegel auch mit dem Problem der ästhetischen Sittlichkeit. Anfangs stellt er sich ganz auf

---

[1] Sollte hier eine Reminiszenz an den vor 6 Jahren gelesenen Aufsatz Schlegels vorliegen?

den Standpunkt der Schillerschen Bürgerrezension, die er gegen
den Bruder verteidigt und an die sich seine eigene Beurteilung
Bürgers anlehnt[1]. „Ich gebe ja kein Gesetz", sagt er, „daß
die Dichter ihre Werke sittlich machen sollen. Sie müssen
selbst gut und edel sein"[2]. Entspringt die ästhetische Stimmung
in der Tat aus dem Zusammenwirken der sinnlichen und sittlichen Natur des Menschen, so werden wir allerdings ein ge-
bildetes sittliches Gefühl vom Dichter verlangen müssen[3], aber
es heißt doch den Gedanken auf die Spitze treiben, wenn
Schlegel meint, unmöglich könne der Geschmack eines
schlechten Menschen richtig und mit sich selbst einig sein
(1, 122, 29). Treffend dagegen verwahrt er sich — im Anschluß an Herders Ausführungen über das κακόζηλον (3, 282 ff.)
— dagegen, daß man unsittlich nennt, was „unter gewissen
subjektiven Bedingungen des Temperaments und der Ideen-
assoziation Veranlassung zu einer bestimmten unsittlichen
Denkart oder Handlung werden kann" (1, 155, 31). So läßt
auch Schiller den Dichter seiner Kunstrichterin zurufen:

> „Zürne nicht auf mein fröhliches Lied, weil die Wange dir brennet!
> Nicht was ich las — was du denkst, hat sie mit Purpur gefärbt" (9, 119, Nr. 28).

Aber was denkt sich Schlegel dabei, wenn er sagt: „Ja
der Dichter selbst kann eine unsittliche Absicht haben und
sein Werk dennoch nicht unsittlich sein" (1, 156, 5)? wie
reimt sich das zu den anderen Ansichten?

Überblickt man Friedrich Schlegels Schriften aus seiner
ersten Periode in ihrer Gesamtheit, so treten die Übereinstimmungen mit Schiller[4] viel deutlicher zutage als die Gegensätze. Ein Unterschied und ein sehr einschneidender, besteht
freilich: Schlegel vermochte bei dem Reichtum an Ideen nicht
zur Klarheit zu gelangen, er konnte nie auf einem gesicherten
Fundament weiterbauen; nur so sind die zahlreichen radikalen
Wandlungen zu erklären, die seine Ansichten im Laufe des
Lebens durchgemacht haben. In dieser Periode freilich treten

---

[1] JALZ. 26. April 1792; vgl. ZÖG. 1889, S. 485—93.

[2] Walzel S. 119. — [3] Vgl. Schiller 8, 365, 18. 25.

[4] Wie Schiller dringt Schlegel auf Reinheit der Gattungen (1, 22, 19. 89,
12. 102, 33. 166, 15) und bekämpft „Korrektheit" auf der einen und Originalitätssucht auf der andern Seite (1, 90, 6).

nur ganz gelegentlich Anzeichen, die auf einen solchen Umschwung hindeuten, zutage; ja in den letzten Arbeiten scheint er
auch die Unklarheit allmählich überwunden zu haben. Nirgends
steht er Schiller näher als in der Besprechung des Jacobi-
schen Woldemar, in der Schlegel die Vernunft gegen die
Übergriffe des Mystizismus[1] verteidigt (2, 85, 12. 87, 3; vgl. 98, 32),
die Lehre von der gesetzgebenden Kraft des moralischen
Genies, von den Lizenzen hoher Poesie, welche Heroen sich
wider die Grammatik der Tugend erlauben dürften, bekämpft
(2, 90, 24), den gefährlichen Indifferentism, den Mystizism der
Gesetzesfeindschaft rügt (2, 90, 26) und neben dem Streben nach
dem Unendlichen ein ebenso großes Streben nach Harmonie
fordert (2, 91, 2).

Von den persönlichen Beziehungen Friedrich
Schlegels zu Schiller ist bisher noch nicht die Rede gewesen und doch sind sie für die weitere Entwicklung des
Verhältnisses von großer Bedeutung. Da diese Beziehungen
jedoch schon oft dargestellt sind[2] und sich auch in den
Briefwechseln mit ihren guten Registern leicht überblicken
lassen, brauchen nur die Hauptpunkte hier rekapituliert zu
werden. Walzel schreibt dem ersten Zusammentreffen beider
im Körnerschen Hause (Frühjahr 1792) eine entscheidende
Bedeutung zu, wo Friedrich ihm, Schiller, als unbescheidener
Witzling erschien. Nun sind ja Schillers Urteile über Schlegels
Jugendschriften oft hart, aber nicht eigentlich ungerecht; er ver-
folgte Friedrichs Arbeiten mit Interesse und war geneigt, Aufsätze
von ihm in die Horen aufzunehmen. Als dieser dann im August
1796 nach Jena übersiedelte, schrieb Schiller an Goethe, er mache
einen recht guten Eindruck und verspreche viel[3]. Verhielt sich
Schiller dem Anfänger gegenüber auch kühl abwartend, so
kann man ihm doch keine Voreingenommenheit nachsagen.

[1] Und doch zeigen sich schon gelegentliche Spuren einer Hinneigung
zum Mystizismus bei Friedrich selbst, wenigstens in der Wahl des Ausdrucks:
1, 25, 20. 2, 105, 5.

[2] Haym S. 202 ff., 887 ff; Bernays, Schriften 2, 254; Jonas 7, 403; Xenien,
her. von Erich Schmidt und B. Suphan S. 210; Max Koch, Berichte des
freien deutschen Hochstifts 1891, S. 403,5; Walzel, Sonntagsbeilage der
Vossischen Zeitung 1893, N. 41/2. — [3] Jonas 5, 51.

Die Schuld daran, daß es so bald zum Bruch mit Schiller kam, trug einzig und allein Friedrich Schlegel selbst. Im Gegensatz zu seinem Bruder war er von Anfang an ein aufrichtiger Verehrer Schillers; doch mischt sich auch von Anfang an in die Äußerungen der Bewunderung ein fataler, überlegener Ton. So schreibt er schon am 21. September 1791 an Wilhelm[1]: „An Schillers Werken habe ich viel gefunden. Doch auch mitunter fallen mir dabei die Zeilen ein

> Mit Tugendsprüchen und großen Worten
> Gefällt man wohl an allen Orten:
> Denn da denkt ein jeder bei sich allein:
> So ein Mann magst du auch wohl sein."

Zwar nennt er ihn einen großen Mann[2], einen höchst außerordentlichen Menschen[3]; über seine Dichtungen aber wie über seine ästhetischen Schriften urteilt er meist recht geringschätzig. Leider findet sich dieselbe Mischung bewundernder und absprechender Urteile auch in Schlegels Rezension von Schillers Musenalmanach für 1796, so daß dieser nicht mit Unrecht des Kritikers Manier in dem Epigramm (Xenion 826) parodiert:

> „Nicht viel fehlt dir, ein Meister nach meinen Begriffen zu heißen,
> Nehm ich das einzige aus, daß du verrückt phantasierst."

Wohl rühmt Schlegel den Schwung des Dichters, den Scharfsinn des Denkers, die Kraft und Würde des Menschen, meint aber, die einmal zerrüttete Gesundheit der Einbildungskraft sei unheilbar (2, 6, 26). Während Schiller die an den „Idealen" geübte Kritik selbst durch die Änderungen, die er später vorgenommen hat, anerkannte[4], mußten ihn die Äußerungen über „Pegasus im Joch" und die „Würde der Frauen" sehr verletzen. Schlegel hat nicht unrecht, wenn er das letztere Gedicht monoton nennt, hätte aber eine briefliche Bemerkung Wilhelms auch dann nicht in die Rezension aufnehmen sollen, wenn sie witziger gewesen wäre; von diesem nämlich rührt der Ausspruch her, das Gedicht gewinne, wenn man die Rhythmen in Gedanken verwechsle und das Ganze strophenweise rück-

---

[1] Walzel S. 8. — [2] Ebd. S. 117. — [3] Ebd. S. 152.
[4] 2, 1, 23, Schiller 1, 374; vgl. Bernays 2, 261.

wärts lese[1]. Doppelt unklug war diese Kritik, da Schlegel selbst Mitarbeiter der Horen zu werden hoffte[2], im Juli 1796 den Aufsatz über Cäsar und Alexander[3] einsandte, der jedoch keine Aufnahme fand, und einen Monat später nach Jena übersiedelte. In der Tat wurde ihm seine Besprechung jetzt unbequem; er möchte in Jena nicht gern auf der Liste der *gens suspects* stehen, schrieb er dem Bruder am 28. Juli 1796[4], er wünschte mit Schiller in leidlichem Verhältnis zu bleiben und hatte Körner zu einem Beschwichtigungsbrief zu veranlassen gewußt; außerdem versprach er sich eine gute Wirkung davon, daß er eine leider verschollene Entgegnung gegen zwei Rezensenten der Horen' geschrieben hatte. Haym (S. 204) wird recht haben, wenn er auch in dem schönen Urteil über Schiller, das die Abhandlung über das Studium der griechischen Poesie enthält, einen späteren Zusatz erblickt, der in der Absicht einzulenken und gutzumachen geschrieben ist. Dort heißt es nämlich von Schiller (1, 177, 34): „Ihm gab die Natur die Stärke der Empfindung, die Hoheit der Gesinnung, die Pracht der Phantasie, die Würde der Sprache, die Gewalt des Rhythmus, — die Brust und Stimme, welche der Dichter haben soll, der eine sittliche Masse in sein Gemüt fassen, den Zustand eines Volks darstellen und die Menschheit aussprechen will."

Alle Beschwichtigungsversuche konnten Schlegel nicht vor dem Strafgericht bewahren, das in den Xenien über ihn niederging; dieses ist so ausgezeichnet von Bernays gewürdigt worden, daß ich dem kein Wort hinzuzufügen habe. Gewandt und witzig hat Friedrich selbst die Xenien in Reichardts Journal „Deutschland" besprochen und sich eine Genugtuung verschafft, indem er das Distichon, welches die Chorizonten auffordert zu erraten, wem die Verse gehören, ein vollkommnes Beispiel eines naiven Epigramms nennt und hinzufügt: „Denn wenn die Trojaner auch überall sonst in Gefahr wären, den für sein Heil zu dreisten Patroklos der geborgten Rüstung wegen mit dem

---

[1] 2, 4, 17; vgl. Walzel S. 274. — [2] „Das hohe Honorar würde mir gut tun" Walzel S. 221.

[3] Verschiedene Urteile über den Aufsatz fällen Haym S. 200 und Bernays, Schriften 2, 259 Anm. — [4] Walzel S. 286.

großen Peliden zu verwechseln: so erkennt doch jeder leicht die Stimme dessen, der hier frohlockt, daß er der andre scheinen kann" (2, 32, 36)[1]. Hätte sich Schlegel nur auch die Warnung zur Lehre dienen lassen; statt dessen besprach er auch die folgenden Horenstücke in demselben unangenehmen Tone. Als er schließlich das Übermaß der Übersetzungen bemängelte, die doch zum Teil von seinem eigenen Bruder herrührten, und meinte, der Herausgeber müsse zuversichtlich darauf rechnen, daß das Publikum sich alles gefallen lasse, da war Schillers Geduld zu Ende und er schrieb am 31. Mai 1797 mit erklärlicher Schroffheit einen Brief an Wilhelm, um jede Verbindung mit ihm abzubrechen[2].

Durch Goethes Vermittlung wurde zwar der Verkehr mit Wilhelm Schlegel notdürftig wiederhergestellt, mit Friedrich gab es hinfort keine Gemeinschaft. Daß dieser sich nun ganz von den Horen ausgeschlossen sah, war gewiß auch mitbestimmend für die Gründung einer eigenen Zeitschrift, des Athenäums, und gab so auch äußerlich den Anstoß zur Konstituierung einer besonderen „romantischen Schule".

---

[1] Jetzt wissen wir übrigens, daß sich Schlegel doch geirrt hat und das Epigramm von Goethe herrührt; Xenien S. 214, 220 f. — [2] Jonas 5, 196.

II.

August Wilhelm Schlegels Anfänge.

Wilhelm Schlegels ältestes Urteil über Schiller stammt aus
dem Jahre 1789 und ist in den Göttingischen Gelehrten
Anzeigen zu finden, wo er sich zuerst als Rezensent versucht hat. Die Besprechung von Schillers Thalia[1] zeigt wie die
anderen Rezensionen dieser Jahre eine geringe Selbständigkeit
des allerdings erst 22jährigen Beurteilers, der jedoch schon
hier einen sichern Blick für grammatische und metrische
Schwächen bekundet. Die Vorlesung über die Frage: „Was
kann eine gute stehende Schaubühne eigentlich wirken?", die
in der Hauptsache ja noch auf dem später von Schiller und
Schlegel bekämpften Standpunkt der Aufklärung steht und im
Theater ein Mittel zur Veredlung und Aufklärung der Menschen
sieht, wird hier noch gelobt; sie sei voll von nicht neuen, aber
mit Nachdruck und Würde gesagten Wahrheiten. In den philosophischen Briefen findet Schlegel tiefsinnige Gedanken mit
überraschender Neuheit und Wärme vorgetragen, ebenso im
Geisterseher, an dem er nur völlige Deutlichkeit der Gedanken
vermißt. Religiöse Bedenken scheint er gegen die Gedichte
„Freigeisterei der Leidenschaft" und „Resignation" zu hegen,
wenn er sagt, man werde es dem Dichter nicht verargen, daß
er so etwas im Drang der Leidenschaft sage, aber wohl, daß
er es bei ruhiger Überlegung drucken lasse; zehn Jahre später
hat er ähnliche Vorwürfe spottend zurückgewiesen (11, 359). An
der Übersetzung der euripideischen Iphigenia tadelt er die häufigen
Provinzialreime, den Carlos übergeht er. Doch kann uns da-

[1] Böcking 10, 30.

für eine zufällig erhaltene Briefstelle[1] als Ersatz dienen: „.. den Dichter liebe ich, wie er sich allenthalben in seiner Darstellung verrät. Ich liebe den Sinn, mit welchem er die Dinge des menschlichen Lebens auffaßt, das Maß, mit welchem er sie mißt, finde beides echt menschlich, und möchte es ganz zu dem meinigen machen." Die Besprechung des 8.—11. Thaliaheftes zeigt schon in der Beurteilung der Phönizierinnen Schlegels Verständnis für Übersetzungskunst, enthält einige nichtssagende Bemerkungen über den Menschenfeind und den Abschied, ein Fragment aus dem Geisterseher, und verweilt etwas länger bei den historischen Schriften, teils bloß referierend, teils weitere Fragen anknüpfend. Weit bedeutsamer und charakteristischer als diese kurzen Rezensionen ist die eingehende und liebevolle Analyse der „Künstler" in Bürgers Akademie der schönen Redekünste[2], die Schiller sehr erfreute und deren geistreiches Urteil er noch nach Jahren anerkannte[3]. Neben der etwas älteren, nur gar zu panegyrischen Besprechung des Bürgerschen Hohen Liedes[4] bietet diese Rezension das früheste Beispiel der feinfühligen, sich anschmiegenden Art Wilhelms, mit der er dichterische Erzeugnisse zu würdigen versteht. Er erkennt, daß hier eine neue, weit poetischere Art des Lehrgedichts geschaffen ist als in den üblichen gereimten Abhandlungen, entwickelt sorgsam den Gedankengang und weist mit Nachdruck und Wärme auf die Schönheiten des Gedichtes hin. Einige Ausstellungen gegen Unklarheiten im Ausdruck, gegen sprachliche und metrische Härten klingen zwar etwas schulmeisterlich, sind aber in der Regel nicht unbegründet; in einem Fall hat ja auch Schiller den Tadel nicht unberücksichtigt gelassen und in Vers 262 nach Schlegels Wunsch „Ringer" für „Fechter" eingesetzt. Daß an einzelnen Stellen der Sinn nicht genau getroffen ist[5], wird man dem Rezensenten nicht hoch anrechnen, da die Hauptgedanken richtig entwickelt sind.

[1] An Friedrich, 15. Febr. 1790; Walzel S. 152. - [2] Böcking 7, 3. [3] Jonas 3, 114; 4, 287. [4] ZÖG. 45, 588. Übrigens tadelt Schlegel hier auch einige der von Schiller (13, 355, 12) gerügten Ausdrücke. 347, 8 ff. nimmt Schiller offenbar auf die Rezension Bezug und dies ist wohl auch die Stelle, durch die sich Schlegel beleidigt fühlte (ZÖG. 40, 102). — [5] J. Imelmann, Die Künstler von Schiller, mit Anmerkungen S. 36. 38. 44, Emil Grosse, Die Künstler von Schiller, S. 93.

In demselben Jahr 1791, in dem diese Schlegelsche Abhandlung erschien, brachte die Jenaische Literaturzeitung Schillers vernichtende Kritik der Bürgerschen Gedichte. Bürger war Wilhelms Lehrer und Freund, kein Wunder, daß dieser seine Partei ergriff. Er ärgerte sich über Schillers Duplik, die „in einem dummen Tone" geschrieben sei, meinte aber, er hätte seine Sache selbst durch die „kläglichen Ausflüchte" verschlimmert: was in der Rezension noch nicht in Konfusion gewesen wäre, sei hier zur vollkommensten Konfusion durcheinander gerüttelt. Anfangs rät er Bürger von einer Antwort ab und wünscht lieber, er möge der glänzenden Sophistik eine vortreffliche ästhetische Abhandlung entgegenstellen (11. Juni 1791; ALG. 3, 439 f.), später aber, da Bürger erklärt, er wolle doch wohl noch einen Gang in der Akademie mit dem Signor Schiller machen (ebenda 445), ist er ganz damit einverstanden und meint: „Habt Ihr einmal A gesagt, so müßt Ihr auch B sagen. Schiller war kein Hund aus der Pfennigsschenke, so daß es Euch wohl anstand ihm zu antworten. Ihr hättet anfangs schweigen können, aber nun solltet Ihrs nicht, bis Ihr einen entscheidenden Vorteil davongetragen hättet. Seine Duplik war doch in der Tat nicht von der Art, daß man sie nicht mit Grund widerlegen könnte"[1]. Bürger zog es vor, statt einer nochmaligen Antwort, im Göttinger Musenalmanach in Gedichten seinen Groll auszulassen[2], und hier trat auch sein junger Freund mit den Strophen „An einen Kunstrichter" für ihn ein[3]. Sie sind so charakteristisch, daß ich sie in vollem Umfang wiedergebe[4].

> Ward Kraft und Genius dir angeboren,
> Und modelst doch an dir mit feiger Qual?
> Aus deinem Innern nimm dein Ideal,
> Sonst geht dein Selbst an einen Traum verloren.
> Den Geist des Dichters adelt die Natur.
> Bist du's, so hemme nichts, was in dir wogt und lodert;
> Stell's dar, und wandle kühn auch außer Bahn und Spur.
> Doch wenn die Kunst Vollendung fodert,
> So gib sie auf: die ziemt den Göttern nur.

---

[1] 19. Nov. 1791; Strodtmann, Bürgerbriefe 4, 138. — [2] Jonas 3, 223.

[3] Die Beziehung ist zuerst von Haym S. 145 Anm. erkannt worden. Vgl. zu Vers 3 Schiller 13, 345, 19, zu Vers 8 Schiller 13, 343, 9 und 514; vgl. ALG. 3, 442. — [4] Böcking 1, 8.

Natur ist Eins und Alles. Du erkennest
Die Himmlische nur träumend; darum wähnt
Dein grübelnder Verstand, daß du ihr Werk verschönt
Im Werke deines Hirnes spiegeln könnest.
Durchforsch in stiller Einfalt dieses All;
Durchforsche, meistre nicht, und faß in deinen Busen
Der Dinge reines Bild. Die göttlichste der Musen
Ist Wahrheit: ohne sie ist dein Gedicht nur Schall.
Die Rede gab uns eine weise Güte
Zum Band der Liebe; Mitteilung im Schmerz,
Und Mitteilung in Freude heischt das Herz,
Und holde Poesie ist Duft der Red' und Blüte.
Wer tiefes, eignes Leben in sich trägt,
Der athm' es aus, und frage keinen Richter,
Und wisse dann, er sei's, nicht der sei Dichter,
Des weiser Kopf Gefühle mißt und wägt.

Das Pochen auf den angeborenen Genius, die Verachtung
von „Bahn und Spur“, die Forderung der Wahrheit und Natur
— das ist die Ästhetik des Sturms und Drangs, von der Schlegel
später nichts mehr wissen wollte. Wie in diesem Gedicht muß er
auch in seinen Briefen an Friedrich, die ja leider nicht erhalten
sind, für Bürger gegen Schiller eingetreten sein, wie aus Friedrichs Antworten hervorgeht[1]; da Friedrich in dieser Periode
Schiller noch als großen Mann bewundert, so wünscht Wilhelm
einen Beweis dafür und fragt: „Was ist denn nun die große
Eigentümlichkeit in Klopstock und Schiller?“

Von Schiller gingen die ersten Schritte zur Annäherung
aus. Schon im Jahr 1791 hatte er den Rezensenten der Künstler
durch Pape zur Mitarbeit an der Neuen Thalia auffordern lassen[2]
und am 17. Mai 1792 wußte Friedrich zu berichten, daß sich
Schiller gegen Hardenberg sehr günstig über Wilhelms Dante-
Aufsatz ausgesprochen hätte[3]. Bei der Begründung der Horen faßte
Schiller Wilhelm Schlegel aufs neue als Mitarbeiter ins Auge und
trat durch Körner und Friedrich mit ihm in Verbindung. Die Rücksicht auf Bürger, der am 8. Juni 1794 gestorben war, war kein
Hindernis mehr, die Anerbietungen waren verlockend, so ging
denn Schlegel bereitwillig darauf ein und sandte die Fortsetzung
seines Dante-Aufsatzes als ersten Beitrag ein. Am 4. Juni 1795
schrieb er seinen ersten Brief an Schiller, in dem er die epoche-

___

[1]) Walzel S. 10. 125. 128. 132. 153. 155. — [2]) ZÖG. 40, 102. — [3]) Walzel
S. 15; vgl. 208. 213.

machende Bedeutung von Schillers ästhetischen Schriften
rühmte, seine Bewunderung für den Dichter und Geschicht-
schreiber Schiller aussprach und nur leise die Differenz im Urteil
über Bürger berührte (Pr. Jbb. 9, 198) [1]. Das Band, das hier geknüpft
und auch nach Schillers Bruch mit Friedrich nicht völlig gelöst wurde, war für Wilhelm von großer Bedeutung. Er wurde
ein fleißiger Mitarbeiter der Horen und der Schillerschen Musenalmanache. Im Jahr 1796 siedelte er nach Jena über und trat
damit auch in persönliche Beziehungen zu Schiller. Seine oft
und gern geäußerte Bewunderung der Schillerschen Gedichte
betätigte er, indem er sich in Balladen nach Schillerscher Art
versuchte; das Studium der ästhetischen Schriften wurde für
den Rezensenten fruchtbar; besonders lebhaft begrüßte er die
Abhandlung über naive und sentimentalische Dichtung: die
Ansichten seien so neu als reichhaltig an wichtigen Resultaten;
die Urteile über Klopstock und Rousseau fanden seinen unein-
geschränkten Beifall, nur wünschte er Dante lieber zu den naiven
Dichtern zu zählen, während Schiller ihn unter den Satirikern,
also sentimentalischen Dichtern, genannt hatte (Pr. Jbb. 9, 206).

Der erste von Wilhelms Beiträgen für die Horen ist, wie
erwähnt, die in Herderschen Spuren wandelnde Abhandlung
über Dante; ein Einfluß Schillers ist kaum zu bemerken.
An einer Stelle [2] scheint die Kant-Schillersche Lehre vom Erhabenen anzuklingen, an einer andern wird ganz in Schillers
Sinn die Form als das Wesentliche eines Kunstwerks bezeichnet
(3, 334). Freudig begrüßt wurden von Schiller die „Briefe
über Poesie, Silbenmaß und Sprache", die schon in der
äußeren Form ihr Muster verraten. Nicht nur in der bequemen
Briefform, der Bemühung, den trocknen Stoff gefällig darzu-
stellen, eifert Schlegel den Briefen über ästhetische Erziehung
nach; auch die Art, wie die Auslegung eines Märchens zur
Aufhellung einer Theorie dienen muß (7, 122), ist der Abhandlung „Über Anmut und Würde" abgesehen, wo ja Schiller
ähnlich an den Mythus vom Gürtel der Venus anknüpft. Völlig
unschillerisch freilich ist hier die Abneigung gegen eine philosophische Theorie; die Theorie gilt Schlegel als ein notwendiges

---

[1] Vgl. Walzel S. 220. — [2] Böcking 3, 329.

Übel, er will ihr statt des wissenschaftlichen Vortrags die mehr anziehende historische Form geben, „denn indem man erklärt, wie die Kunst wurde, zeigt man zugleich auf das einleuchtendste, was sie sein soll" (7, 107). Diese Auffassung, der Wilhelm Schlegel im Grunde Zeit seines Lebens treu geblieben ist, zeigt die tiefe Kluft, die ihn von Schiller trennt. Eine Fortbildung der philosophischen Ästhetik wird man von diesem Manne nicht erwarten dürfen, hier zeigt er sich, soweit er überhaupt auf eine philosophische Begründung ausgeht, durchweg von Vorgängern abhängig, und nur im Felde empirischer Regeln für die Künstler befähigt ihn seine umfassende Literatur- und Kunstkenntnis zu wertvollen Untersuchungen. Schiller wußte den Wert dieser historisch-empirischen Kunstbetrachtung sehr wohl zu schätzen [1] und so lobte er denn auch an Wilhelms „Briefen" das „nüchterne Anschließen an die Natur" [2]; nur vermißte er die Rücksichtnahme auf die moralische Natur des Menschen; ihm ist der Rhythmus das Beharrliche im Wechsel, „und eben das ist der Charakter seiner Selbstheit, die sich in dieser Erscheinung ausdrückt". Bei Übersendung des letzten „Briefes" dankt Schlegel für den Wink, der für den Fortgang seiner Betrachtungen nicht unfruchtbar gewesen sei (Pr. Jbb. 9, 206). Schlegel scheint infolge der Schillerschen Bemerkungen die Briefe über ästhetische Erziehung vorgenommen zu haben, deren Einfluß in dem letzten seiner „Briefe" nicht zu verkennen ist. In Brief 3 hatte er die Entstehung des Rhythmus darauf zurückgeführt, daß der Wilde bei den heftigen Ausbrüchen seiner Leidenschaft sich (zunächst instinktiv) durch den Rhythmus vor Erschöpfung bewahre; der mildernde Einfluß teile sich dann von den Sinnen auch der Seele mit. Im 4. Brief holt er noch einmal aus und beginnt mit einem Hinweis auf den Schein von Freiheit in den Spielen der Tiere, wobei er bis auf das Beispiel von den im Sonnenschein tanzenden Mücken den Ausführungen Schillers (8, 275, 4) folgt. Dennoch kennt kein Tier den Rhythmus, der das erste unterscheidende Kennzeichen der menschlichen Natur ist. Daraus, daß manche Tiere an Beobachtung des Zeitmaßes gewöhnt

---

) Jonas 3, 360; 5, 187 f. — ²) Ebd. 4, 347.

werden können, erhellt, daß der Rhythmus nicht der tierischen
Organisation widerspricht, sondern den Tieren nur das Bedürfnis des Zeitmaßes fehlt. Dieses wird also aus der geistigen
Natur des Menschen zu erklären sein. Tierische Leidenschaften
verschwinden mit ihren Antrieben; das menschliche Vermögen,
Vorstellungen festzuhalten und zu erwecken, verstärkt bei ihm
zuerst die Macht der Leidenschaft[1]. Nun ist ihm aber aufgegeben, die Leidenschaft zu mäßigen, und die Natur selbst
hilft ihm dabei. „Die anfangs unwillkürliche und instinkt-
mäßige Beobachtung des Zeitmaßes in ausdrückenden Be-
wegungen und Tönen stellte das Gleichgewicht zwischen Seele
und Körper wieder her" (7, 146). Der Rhythmus im Ausdruck
der Leidenschaft gab ihm schon eine Art Herrschaft über sie,
dann wirkt der Ausdruck auch nach innen zurück und verändert das Gefühl selbst. Hier scheint Schlegel von Schillers
Künstlern gelernt zu haben; in seiner Erklärung (zu Vers 201 ff.)
hatte er hier schon betont, wie der Ausdruck der Liebe im
Liede die Leidenschaft selbst veredle[2]. Einen anderen Grund
für das Bedürfnis des Zeitmaßes findet Schlegel in dem Bestreben einer Menge, den sie gemeinsam bewegenden Gefühlen
gemeinsam Ausdruck zu geben: Gesang und Tanz, nach dem
Zeitmaß geordnet, sind das Mittel, wodurch viele Menschen
sich im Ausdruck derselben Empfindungen vereinigen können,
ohne sich gegenseitig zu stören und zu übertäuben; ein ge-
mischter Haufe wird dadurch in Chöre abgesondert und ge-
reiht (7, 149 f.). Demselben Gedanken hatte Schiller soeben
in seinem „Tanz" (1, 99) Ausdruck gegeben, den Schlegel
doch wohl schon bei Abfassung dieses Abschnittes vor Augen
gehabt hat, obwohl er den Musenalmanach erst etwa 8 Tage
vor Absendung des 4. Briefes erhalten hatte (Pr. Jbb. 9, 207).
Weiter führt Schlegel aus, wie die Anordnung anfangs zwar
nur dazu gedient habe, Verwirrung zu vermeiden, wie später
der Verstand aber angefangen, das an sich Gleichgiltige mit dem
Gefallenden zu vertauschen; daß aber ein Verlangen nach dem
Gefallenden tief in der menschlichen Natur begründet sei,
wird in engem Anschluß an Schiller (8, 267, 25. 277, 21) durch den

---

[1]) Vgl. Schiller 8, 258. — [2]) 7, 16; vgl. auch Pr. Jbb. 9, 204.

Hinweis auf die allgemeine Freude am Putz bewiesen. Der
4. Brief, in dem diese Gedanken entwickelt werden, ist der
letzte, der erschienen ist. Äußere Umstände, eine Reise nach
Dresden, die Übersiedlung nach Jena verhinderten zunächst
die Vollendung. Daß sie schließlich ganz unterblieb, wird
doch wohl darauf zurückzuführen sein, daß Schlegel selbst von
seiner Ableitung des Silbenmaßes nicht befriedigt war. Wenigstens
gab er seine Theorie später auf und akzeptierte bereits 1797
in der Besprechung von Hermann und Dorothea wörtlich die
Schillersche Formel: das Silbenmaß ist ihm hier die Erscheinung
des Beharrlichen im Wechselnden, es verkündigt die Identität
des Selbstbewußtseins (11, 193)[1]. Die beiden anderen Horenaufsätze Wilhelms „Etwas über William Shakespeare bei
Gelegenheit Wilhelm Meisters" (1796) und „Über Shakespeares Romeo und Julia" (1797) zeigen weniger wörtliche
Anlehnung an Schillersche Schriften als Übereinstimmung in
den idealistischen Grundprinzipien, besonders in der Ablehnung
der naturalistischen Forderung der Illusion. Nur so weit,
hatte Schiller gesagt, sei der Schein ästhetisch, soweit er auf-
richtig sei (sich von allem Anspruch auf Realität ausdrücklich lossage) und soweit er selbständig sei (allen Beistand der
Realität entbehre) (8, 270, 32). Genau so verwirft Schlegel den
groben Begriff der Täuschung (7, 45 ff.), verlangt nur einen
sinnlichen Schein der Wahrheit (7, 56) und erklärt das
Dichterische im Drama für eine bloße Bezeichnungsart, deren
Unwahrheit gar nicht verhehlt werde (7, 93). Deshalb werden stoff-
liche Wirkungen abgelehnt und wird gerühmt, daß Shakespeare
nicht durch materielle Neuheit reize, daß es ihm mehr auf das
Wie als auf das Was ankomme (7, 71). Der Dichter darf auch
über die Wirklichkeit hinausgehn, wenn seine Erdichtungen
nur in den Grenzen der Wahrscheinlichkeit bleiben (7, 49).
Von diesem idealistischen Standpunkt aus tritt Schlegel

---

[1] Vgl. Haym S. 156. Ganz entsprechend definiert übrigens Friedrich den
Reim (Minor 1, 99, 2), was vielleicht dazu beigetragen hat, daß W. Schlegel
sich die Formel aneignete. Hier sei bemerkt, daß der von Haym S. 154
behauptete Einfluß der Abhandlung über naive und sentimentalische Dichtung
auf diese „Briefe" aus chronologischen Gründen unmöglich ist; vgl. Bernays
Schriften 2, 289 Anm.

auch mit aller Energie für den Gebrauch des Verses im Drama
ein, wie er denn auch bald darauf in seiner Shakespeare-Übersetzung den praktischen Beweis für die Rechtmäßigkeit seiner
Forderung führen durfte.

Nach Minor[1] hat sich Schiller durch diesen Aufsatz bestimmen lassen, den Wallenstein in Jamben zu schreiben. Das
ist wohl nicht zutreffend; denn im März 1796 las Schiller den
Schlegelschen Aufsatz und im Dezember noch war er, aus Rücksicht
auf das Theater, zur Prosa entschlossen[2]. Zutreffender führt
Walzel[3] den definitiven Entschluß zum Gebrauch des Verses
auf Wilhelms Shakespeare-Übersetzung zurück; im April
1797 geht Schiller mit diesem den Julius Cäsar durch[4] und
dabei mag wohl auch die Form zur Sprache gekommen sein.
Walzel hat mit Recht betont, daß die Forderung des Verses
durchaus Schillers idealistischen Kunstprinzipien entsprach —
man vergleiche z. B. seine Rechtfertigung des Reimes[5] —, so daß
man vielleicht nicht nötig hätte, nach einer Anregung von
außen zu suchen, wenn nicht durch die Untersuchungen Kösters[6]
erwiesen wäre, wieviel Schiller tatsächlich in der Behandlung
des Verses von Schlegel gelernt hat[7]. Doch nicht nur auf die
Form der Schillerschen Dramen wirkte die neue Shakespeare-
Übersetzung, zahlreiche Spuren deuten darauf hin, wie starke
Anregungen Schiller davon für sein dichterisches Schaffen emp-
fangen hat. Eine zusammenfassende Darstellung, wie sie Engel
kürzlich für die Dramen der Frühzeit vorgelegt hat, fehlt für die
späteren freilich noch und die zahlreichen Einzeluntersuchungen[8]
lassen nicht erkennen, was Schiller der Schlegelschen Übersetzung und was er älteren Übertragungen verdankt. Die

[1]) GGA. 1892, S. 657—63. — [2]) Jonas 5, 124. 134. — [3]) Voss. Zg. B
1893, N. 42; DNL. 143, XXI. — [4]) Jonas 5, 173. — [5]) Ebd. 4, 434 f. — [6]) Schiller
als Dramaturg S. 97 ff.; vgl. auch Briefe an Tieck 3, 308. — [7]) Nach Koberstein [8] IV, 494 Anm. 91 ist auch das Einmischen von Reimstellen unter die
reimlosen Verse auf Schlegel zurückzuführen.

[8]) Engels Abhandlung „Spuren Shakespeares in Schillers dramatischen
Werken" findet sich im Jahresbericht über das Realgymnasium zu Magdeburg
1901; eine Fortsetzung ist zu erwarten. Sonst verweise ich nur auf Minor:
ZDPh. 20. 71, Zernial: NJbbPh. 156, S. 553/9, Duschinsky: ZÖG.50, S. 481—91;
wertvolle Hinweise finden sich endlich auch in den Anmerkungen zu Beller-
manns Schillerausgabe.

Schlegelsche Übersetzung erschien allmählich in den Jahren 1797—1801 (1810 folgte Richard III. als Nachzügler) und brachte auch nicht sämtliche Dramen, so daß Schiller gewiß oft noch zu den älteren Übersetzungen zurückgegriffen hat[1]; ja im Dezember 1797 bestellte er sich bei Cotta noch „den Frankenthaler Nachdruck von Shakespeare"[2]. Soweit sich das aus den zitierten Untersuchungen ersehen läßt, weisen aber die meisten Anklänge auf die Stücke Shakespeares hin, die bereits in Schlegels Übersetzung vorlagen: Julius Cäsar, Heinrich VI., Richard II., König Johann, demnächst auf Macbeth, Lear u. a. Aufführungen auf der Weimarischen Bühne, mündliche Unterredungen mit Schlegel haben gewiß dazu beigetragen, Schiller mit den bewunderten Werken noch vertrauter zu machen. Die Bedeutung Shakespeares für Schillers dramatisches Schaffen kann hier natürlich nicht erörtert werden, nur der Hinweis auf die Anregung, die er durch Schlegels Übersetzung empfing, durfte nicht fehlen.

Bereits im Oktober 1795 hatte Schlegel Schiller gebeten, ihn den Herausgebern der Jenaischen Literaturzeitung für das Fach der schönen Literatur, ihrer Geschichte und Theorie zu empfehlen (Pr. Jbb. 9, 202). Schiller erfüllte seinen Wunsch sogleich und trug ihm die Besprechung des poetischen Teiles der Horen an[3]. Schlegel übernahm die ehrenvolle Aufgabe, und diese Rezension wurde die erste von nahezu 300, die er in den Jahren 1796—99 für die Literaturzeitung geschrieben hat. Ebensolange finden wir Gedichte von ihm in den Schillerschen Musenalmanachen. Mitten in diesen Zeitraum fällt Schillers Bruch mit Friedrich und die Begründung des Athenäums, dessen erstes Heft im Jahr 1798 erschien. Aber während in Friedrichs schriftstellerischer Tätigkeit ein markanter Einschnitt wahrzunehmen ist, entfernt sich Wilhelm nur allmählich von den alten Pfaden. Es empfiehlt sich deshalb, wie auch schon Haym getan, die Rezensionen und Gedichte zusammenfassend an dieser Stelle zu behandeln. Mit einer umfangreichen und gründlichen Besprechung der 10 ersten Horenstücke führte sich Schlegel. wie gesagt, als Rezensent in der Jenaischen

---

[1] Jonas 5, 291.   [2] Ebd. S. 301.   [3] Ebd. 4, 303.

Literaturzeitung ein. Am 9. Januar 1796 konnte ihm Schiller seinen Dank aussprechen, die Rezension hätte ihn „mehr als befriedigt" und die Verbindung poetischer Wärme mit kritischer Kälte hätte ihn besonders erfreut. Gegen einige metrische Ausstellungen rechtfertigt er sich zwar, stimmt aber im allgemeinen den rigoristischen Anforderungen zu und führt nur zu seiner Entschuldigung an, daß die Hexameter der Elegie seine ersten seien und er bereits über 40 *corrigenda* entdeckt habe. Den Zweifeln Schlegels (10,73), ob der dichterische Geist den ganzen Weg strenger Wissenschaft gehen müsse und dürfe, setzt er die zuversichtliche Antwort entgegen, daß er den ganzen Weg zwar nicht zurückgelegt, „aber was ich davon zurücklegte, hat mich auf dem poetischen Wege eher gefördert als von demselben entfernt"[1]. Auch gegen Humboldt spricht sich Schiller zunächst anerkennend über die Rezension aus, wenn sie ihn auch nicht völlig befriedigt habe[2]; da jener aber in einem nicht erhaltenen Briefe recht abfällig urteilt, gibt Schiller ihm recht, er habe weniger erwartet und sei deswegen auch leichter befriedigt. Er schilt Schlegel eine Kokette, er habe dem Kitzel nicht widerstehen können, sich hören zu lassen, „wo er bloß bei dem Objekte bleiben sollte. Daß er die Elegie nicht besser gefaßt hat, ist freilich kaum zu vergeben; die Schatten, zu welchen ein mehr spekulativer Geist nötig ist, wollte ich ihm noch hingehen lassen"[3]. Schlegel verfehlt hier den Grundgedanken, insofern er die moralische Freiheit der Persönlichkeit und ihre Veredlung durch das Schöne darin dargestellt findet (10,81), während Schiller doch zeigen will, wie der Mensch im Genuß des Schönen schon auf Erden Göttern gleichen kann. Daß die Freiheit der Gedanken in Vers 102 weit mehr auf das Ästhetische als auf das Moralische hinweise, hat Schiller gegen Humboldt, der ein Mißverständnis fürchtete, ausdrücklich hervorgehoben[4]. Das Schöne als Symbol der ausgeführten menschlichen Bestimmung (vgl. 8, 218, 15) — diese Formel der ästhetischen Briefe ist hier in dichterischem Gewande behandelt und deshalb kommt der Schlußsatz der Schlegelschen Er-

---

[1] Jonas 4, 384. — [2] Ebd. 4, 387. — [3] Ebd. 4, 398. — [4] Ebd. 4, 257. Darnach ist auch Harnacks Darstellung (Klass. Ästh. S. 52 f.) zu berichtigen.

klärung dem Richtigen näher: „So wird ihm durch die Schönheit mitten unter den harten Kämpfen und Selbstverleugnungen, wodurch allein er sich der seligen Ruhe einer höhern Vollendung würdig macht, schon ein Vorgefühl derselben gegeben" (10,82); nur scheint mir der Nebensatz einen dem Gedicht fremden Gedanken zu enthalten. In der Auslegung der „Elegie" (des Spaziergangs) wird Schiller wohl daran Anstoß genommen haben, daß Schlegel darin den Gegensatz der Gesamtentwicklung und der Ausbildung des Individuums ausgedrückt findet; die Hoffnung eines goldenen Zeitalters sei zwar für das Ganze vermessen, wohl aber könne der Einzelne darnach streben, bei der vielseitigsten Ausbildung die ursprüngliche sittliche Einfalt zu bewahren, „und das ist es auch, womit sich der Dichter am Schluß über die Verirrungen der Menschheit tröstet" (10,75). Davon steht allerdings bei Schiller nichts, das Gedicht beruht auf dem Gegensatz von Kultur und Natur, und der Dichter „findet in der ewig gleichbleibenden Größe der Natur Beruhigung über das wechselnde Geschick des Menschen"[1]. Dieser Gegensatz ist zwar auch Schlegel nicht entgangen, aber mit nicht hierher gehörenden Gedanken verquickt worden. Die übrigen Schillerschen Gedichte, die Schlegel bespricht, boten weniger Schwierigkeiten; einige Einwände gegen „die Antike an den nordischen Wanderer" hat Schiller selbst als berechtigt anerkannt, indem er die Verse mit den von Schlegel beanstandeten Ausdrücken in der Gesamtausgabe der Gedichte tilgte. In den späteren Rezensionen finden sich nur selten Urteile über Schiller: 10,195 heißt er der vortreffliche Beurteiler der Mathissonschen Gedichte, 10,301 wird seine Erklärung des Naiven gerühmt, der Geisterseher und die neuen Rechtsfälle nach Pitaval werden lobend erwähnt (11,95. 283), törichte Einwürfe gegen Schillers Resignation zurückgewiesen (11,359)[2]; und unter den zwei größten jetztlebenden Dichtern, die Nicolay in einer Epistel über den Verfall der deutschen Literatur übergangen habe, sind doch wohl Goethe und Schiller zu verstehen (10,346). — Wichtiger als solche Urteile zu registrieren ist es für eine Charakteristik des Verhältnisses von Schiller und Schlegel, der Verwandtschaft

---

[1] Schiller 1, 126 Anm. — [2] Vgl. oben S. 37.

und den Unterschieden ihrer künstlerischen Grundanschauungen nachzuspüren, und die Abhängigkeit Schlegels von Schillers ästhetischen Schriften zu erweisen. Seine bereits erwähnte Abneigung gegen theoretische Erörterungen macht sich mehrfach geltend (10, 69; 11, 245), doch kann er nicht ganz auf sie verzichten. An den bisherigen Theorien vermißt er die Behandlung der Technik und beklagt, daß es keine giltige Theorie der Poesie gebe, „worin die Vorschriften dieser Kunst aus den unabänderlichen Gesetzen des menschlichen Gemüts hergeleitet, nach dessen notwendigen Richtungen die ursprünglichen Dichtarten bestimmt und ihre ewigen Grenzen festgestellt wären" (11, 183 f.). „So wenig man mit der Kunstlehre bis jetzt noch ins klare gekommen ist", schreibt er an einer anderen Stelle (11, 102), „so ist es doch ausgemacht, daß, wie schöne Kunstwerke nur aus dem innigsten Bunde der Vernunft mit der Einbildungskraft hervorgehen, sie auch das Höchste, was im Menschen ist, in Anspruch nehmen, und daß der Gipfel der Bildung nur durch die alle Kräfte harmonisch vereinigenden Zauber der Kunst erreicht wird". Das ist eine allerdings etwas oberflächliche Zusammenfassung der Kant-Schillerschen Lehren. Ohne sie fortzubilden oder sich ernstlich mit ihnen auseinanderzusetzen, entnimmt Schlegel ihnen einzelne Sätze, die seinen eigenen Anschauungen entsprechen. Nichts ist für ihn gewisser als die Autonomie der Kunst (11, 320), die man ihr raubt, wenn man Belehrung (11, 53 ff. 62) oder Beförderung der Sittlichkeit (11, 319) von ihr fordert. „Alle schöne Kunst überhaupt, in welcher der Mensch einen unbedingten Zweck seiner Natur erfüllt, ist eben darum zu jedem bestimmten Geschäfte untauglich; und der Dichter, der sich zum Volkslehrer aufwirft, opfert unvermeidlich seine Autonomie als Künstler auf" (11, 379). Genau so hatte Schiller gesagt: „Die Schönheit gibt schlechterdings kein einzelnes Resultat, weder für den Verstand noch für den Willen, sie führt keinen einzelnen, weder intellektuellen noch moralischen Zweck aus; sie findet keine einzige Wahrheit, hilft uns keine einzige Pflicht erfüllen und ist mit einem Worte gleich ungeschickt, den Charakter zu gründen und den Kopf aufzuklären" (8, 244, 24); und gleich darauf wird ausgeführt, wie eben dadurch ein Unendliches erreicht sei. Immer wieder betont Schlegel, daß man ein achtungswerter Mann sein und doch schlechte Verse machen könne (11, 396), und fragt, ob es kein Mittel gebe, die Menschen zu bessern, als ihren Geschmack zu verderben (11, 65). Wie im Kampf gegen eine belehrende und bessernde Poesie steht er auch Schulter an Schulter neben Schiller, wenn er das naturalistische Streben nach „Täuschung“ zurückweist, die vom freien schönen Schein wohl zu unterscheiden sei (11, 20. 277). Nachdrücklich betont er „den wesentlichen Unterschied zwischen Natur und Kunst, den unermeßlichen Abstand von gemeiner Wirklichkeit bis zu schöner Dichtung“ (10, 337) und bekämpft das Vorurteil, als ob nur das Alltägliche und platt Prosaische natürlich sei und die geringste verschönernde Erhöhung die Wahrheit aufhebe (11, 62); er kommt von diesem Gesichtspunkt aus sogar zu einer bedingten Anerkennung der französischen Tragödie, ähnlich wie Schiller in dem bekannten Gedicht „An Goethe“ (1, 259). Denn das Wesen aller schönen Kunst ist Form (10, 196. 287) und für die Poesie ist alles Schöne wahr (10, 400). Natürlich wird auch hier die Notwendigkeit des Silbenmaßes betont (10, 236), während Schlegel einmal — inkonsequent genug - findet, daß der Reim unaufhörlich allzusehr an den Dichter erinnere (10, 97)[1]. Sonst steht er mit den angeführten Ansichten ganz auf dem Boden Schillers; ich erinnere nur an den bereits zitierten 26. ästhetischen Brief, die Schlußworte im Prolog zu Wallenstein, das Gedicht „An Goethe“ und an den Aufsatz „Über den Gebrauch des Chors in der Tragödie“. Vielleicht bezieht sich Schiller hier (5, 172, 28) sogar auf Schlegel, jedenfalls bekämpft er ihn und die Romantiker überhaupt, wenn er phantastische Spiele aus dem Gebiet der Kunst verweist[2]. Wilhelm zeigt schon früh eine ausgesprochene Vorliebe für phantastische Dichtungen. Früh schon begünstigt er Märchen, in denen die Phantasie bloß von ihren eigenen Flügeln getragen wird (10, 87. 107; 11, 33. 92), und erklärt es für verkehrt, sie zu allegorisieren, zu deuten, weil man meine, es müsse noch etwas dahinter stecken (11, 140); deshalb hat er seine Freude an der Laune und witzigem Mut-

---

[1] Ist hier vielleicht Karolinens Feder im Spiel? die Äußerung stimmt so gar nicht zu Wilhelms sonstigen Anschauungen.

[2] Harnack, Klassische Ästhetik S. 70 Anm.

willen (10, 92; 11, 23), der auch sein eigenes Werk zerstört
(10, 96). In seiner letzten Rezension, der über Tiecks Übersetzung
des Don Quixote, die überhaupt am deutlichsten die Tendenzen
der romantischen Schule verrät, wird die Phantastik des Märchens
auch für den Roman gefordert: „Im echten Roman ist entweder
alles Episode oder gar nichts, und es kommt bloß darauf an,
daß die Reihe der Erscheinungen in ihrem gaukelnden Wechsel
harmonisch sei, die Phantasie festhalte und nie bis zum Ende
die Bezauberung sich auflösen lasse" (11, 411). — Die hier ge-
kennzeichnete allmähliche Entfernung vom Standpunkt Schillers
zeigt sich auch in Schlegels Verhältnis zu der anfangs mit rück-
haltlosem Beifall aufgenommenen Abhandlung über naive und
sentimentalische Dichtung. Sein briefliches Urteil ist bereits
oben zitiert; auch in den Kritiken (10, 301; 11, 166) weiß er die
Erklärung des Naiven zu rühmen, die Schiller mit philosophischer
Tiefe so meisterhaft entwickelt habe; genau wie Schiller (8, 314, 20)
unterscheidet er das Kindische und Kindliche (11, 44), von ihm
(8, 310 f.) weiß er, daß der Zauber der Natur auf der gänzlichen Abwesenheit des Begriffs von Kunst beruht (10, 350).
Bis in Einzelheiten zeigt sich Schlegel in der Besprechung
von Hottingers Geßnerbiographie von Schiller abhängig; nicht
bloß die Unterscheidung von naiver Einfalt und sentimentaler
Idealität deutet auf das Vorbild, sondern seine gegen Geßner
gerichteten Vorwürfe sind nur eine Umschreibung dessen, was
Schiller (8, 372, 34) über ihn sagt. Wie Schiller Geßner vorwirft, er sei weder ganz Natur noch ganz Ideal, und vom Idyllen-
dichter verlangt, er solle uns nicht rückwärts in unsere Kind-
heit führen, sondern vorwärts zu unserer Mündigkeit, um uns die
höhere Harmonie zu empfinden zu geben, die den Kämpfer be-
lohnt, die den Überwinder beglückt (374, 10), so schreibt Schlegel:
„Der Verlust an individueller Mannigfaltigkeit wird nicht hin-
länglich durch den Gehalt der Ideale, oder vielmehr des
einzigen Schäferideals ersetzt. Jene Harmonie des innern
Daseins, welches der Wahrheit nach nur die letzte, schwer er-
rungene Vollendung der Menschheit sein kann, verliert er-
staunlich an Würde und Interesse, wenn sie als ein ursprüng-
licher Zustand, als ein allgemeines Erbteil der Beschränktheit
dargestellt wird" (10, 242). Wie Schiller findet Schlegel bei

4*

den Neuern eine empfindsame Ansicht der leblosen und organischen Natur, wovon die Alten nichts wußten (11, 155). Ein leises Abrücken vom Schillerschen Standpunkt unter dem Einfluß Friedrichs[1] zeigt sich zuerst in der Rezension von Goethes Hermann und Dorothea. Während Schlegel 1796 noch die homerische Poesie als Naturpoesie bezeichnet (10, 121. 175), verwirft er hier die neumodische Ansicht, „den hellenischen Sänger in einen wilden Natursohn, einen rohen nordischen Barden zu travestieren" (11, 199). Das richtet sich wohl mehr gegen Herder als gegen Schiller, ist aber der erste Keim der später entwickelten Ansicht (s. Kap. IV), die ihn den Gegensatz von naiver und sentimentalischer Dichtung verwerfen ließ.

Das letzte Band, das Schiller und Schlegel verknüpfte, bildete Wilhelms Teilnahme am Musenalmanach; Goethes Vermittlung hatte er es zu danken, daß er nach der großen Auseinandersetzung mit Schiller im Mai 1797 Mitarbeiter des Almanachs bleiben konnte. Sichtlich ist Schlegel in seinen Beiträgen bemüht, sich in Schillers Art zu versuchen. In Gedichten wie Pygmalion (1, 38), die entführten Götter[2] (1, 61), Kampaspe (1, 211) ist Schillers Stil nicht zu verkennen; die Neigung zu Antithesen, rhetorischen Fragen, den Gebrauch der Anaphora, die Zuspitzung zur epigrammatischen Pointe hat er mit seinem Vorbild gemein. Wie Schiller in den Künstlern, im Spaziergang kulturphilosophische Probleme behandelte, so Schlegel im Prometheus (1, 49), dessen Grundgedanken er schon in der Besprechung des Spaziergangs entwickelt hatte (10, 75). Ja als Wilhelm für den Almanach von 1798 eine Ballade beizusteuern gedachte, da erbat er sich die bereits gedruckten Aushängebogen: „Ich fühle mich allzusehr im Nachteile, wenn ich an eben dem Orte mit Meistern in der Kunst etwas in derselben Gattung aufstellen soll, die eben durch sie bereichert und veredelt worden ist, ohne die neue

---

[1]) Vgl. 11, 196 Anm.; Minor 1, 309, 45. 310, 40.
[2]) Haym S. 152 hat darauf aufmerksam gemacht, daß Schiller diesem Gedicht das Motiv zu den „Antiken zu Paris" (1, 263) verdankt; doch findet sich ein ähnliches schon in Schillers Gedicht „Die Antike an den nordischen Wanderer" 1796 (1, 124. 379).

Wendung zu kennen, die sie unter ihren Händen gewonnen
hat" (Pr. Jbb. 9, 221). Er wählte, wie er bei Übersendung des
Arion bemerkte, nach Schillers Muster eine Fabel aus dem
Herodot. Und gegen Goethe konnte er den Arion mit Recht
ein Pendant zu den Kranichen des Ibykus nennen, die ihm bei
Abfassung seines Gedichts noch nicht bekannt waren[1]. Trotz
dieser Bemühungen konnte es Schlegel aber Schiller nicht
recht machen. Am günstigsten urteilte dieser noch über die
entführten Götter und die Zueignung des Trauerspiels Romeo
und Julia (1, 35); in diesen Stanzen habe Schlegel sich selbst
übertroffen, sie hätten einen echten Schwung und zeigten ein
Gefühl, das er ihm nicht zugetraut hätte; leider verrät ein Zusatz: „wenn er sie nur nicht irgendwo gestohlen hat"[2] seine
gereizte und verbitterte Stimmung. Und nur zum Teil berechtigt sind doch auch die gesuchten Einwendungen gegen
Schlegels Prometheus[3], gegen die sich dieser in einem umfangreichen Schreiben zu verteidigen suchte (Pr. Jbb. 9, 216).
Im Arion endlich fand Schiller den Gedanken gut, die Ausführung kalt, trocken und ohne Interesse.[4] Der Musenalmanach
für das Jahr 1799 war der letzte, der Beiträge von Wilhelm
Schlegel enthielt; mit dem Jahr 1800 war also auch das letzte
Band, das ihn äußerlich an Schiller fesselte, gelöst. Daß er
ihm innerlich immer mehr entfremdet wurde, dafür sorgten
schon sein Bruder und seine Gattin mit ihrer maßlosen Geringschätzung Schillers.

—

[1] Schriften der Goethe-Gesellschaft 13, 10; vgl. D. Fr. Strauß, Ges.
Schriften 2, 154.
[2] Jonas 5, 280. — [3] Ebd. 5, 230. — [4] Ebd. 5, 251.

III.

Die Begründung der romantischen Schule.

Seit Schillers oft erwähntem Absagebrief vom 31. Mai 1797 gab es zwischen ihm und Friedrich Schlegel keine Gemeinschaft mehr. Um des Bruders willen durfte auch dieser freilich nicht offen gegen Schiller auftreten und einige gegen ihn gerichtete Fragmente wurden dem Veto Wilhelms geopfert[1]. Dennoch kann man an einigen Stellen versteckte Sticheleien gegen Schiller vermuten, ohne daß jedoch eine solche Beziehung sich erweisen läßt[2]. Im allgemeinen übt Friedrich gegen Schiller die Taktik des Totschweigens[3]. Nur in seinen Briefen kann er seinen Groll auslassen. Das Reiterlied aus Wallensteins Lager findet allein noch Gnade vor seinen Augen[4], über den Prolog zum Wallenstein ergeht er sich in faden Witzeleien[5], Schillers ästhetische Terminologie schilt er irrig und voll krasser Ignoranz[6]. Er beklagt die sträfliche Nachsicht der Großen gegen Schiller und Jacobi, die für ihn die vornehmsten Repräsentanten des bösen Prinzips in der deutschen Literatur sind, nennt Schiller einen Dichter und Kunstrichter, der getrocknet aufgegangen ist[7] u. s. w. Diese Blütenlese, die sich noch vergrößern ließe, dürfte genügen.

[1] Walzel S. 352.

[2] Lyc. 110 könnte gegen die ästhetischen Briefe gerichtet sein, Ath. 31 gegen die Würde der Frauen (vgl. Minor 2, 4, 21), Ath. 66 ist vielleicht eine gegen Xenion 832 (der Schmidt-Suphanschen Ausgabe) gerichtete Replik. — NB. Ich zitiere die Fragmente nach den Nummern der Minorschen Ausgabe und bezeichne die einzelnen Gruppen durch Lyc., Ath., Ideen.

[3] Vgl. Haym S. 212. 687. — [4] Walzel S. 291. — [5] Waitz. Caroline 1, 226. [6] Walzel S. 362. — [7] Ebd. S. 421. 454.

Persönliche Differenzen haben den Bruch herbeigeführt, sie mögen auch die sachlichen Gegensätze verschärft haben; doch hätten diese bei der Richtung, die die geistige Entwicklung Friedrich Schlegels nahm, auch ohnedies hervortreten müssen. Auf einige Spuren, die einen Umschwung seiner Ansichten erwarten ließen, konnte im ersten Kapitel hingewiesen werden, obwohl Schlegel in den dort besprochenen Jugendschriften im allgemeinen dem Standpunkt der Klassiker recht nahe stand. Ein Abrücken von diesem Standpunkt zeigen zunächst die Aufsätze über Forster und Lessing. Der erste war ein bewußter Protest gegen das ungerechte Urteil der Xenien, das Schlegel schon in seiner Rezension des Xenienalmanachs zurückgewiesen hatte [1]; hier wie dort ist der Ton übrigens ruhig und würdig. Weit weniger sachlich ist die Charakteristik Lessings, die Schlegel der beschränkten Auffassung seiner Persönlichkeit in den Kreisen der Berliner Aufklärung entgegenstellt; durch die polemische Tendenz läßt er sich zu einer nicht minder einseitigen Darstellung verführen, soviel Treffendes er daneben auch vorzubringen weiß. Die völlige Verurteilung des Dichters Lessing, die Betonung des Revolutionären und Zynischen in seiner Persönlichkeit, des Fragmentarischen in seiner Schriftstellerei verraten, wohin sich seine eigene Entwicklung wendet. und weisen — wie die rühmende Erwähnung der Sokratischen Ironie Forsters [2] -- auf den Gedankenkreis der Fragmente hin. Eine Stelle dieser Abhandlung richtet sich direkt gegen Schiller, der erwogen hatte, wie sich der Nathan zu einer guten Tragödie oder Komödie umschaffen lasse (8, 345 Anm.); diese Ausführungen sind gewiß gemeint, wenn Schlegel über „die nicht minder komischen als didaktischen Fragen" spöttelt, „ob Nathan wohl zur didaktischen Dichtart gehöre, oder zur komischen, oder zu welcher andern; und was er noch haben oder nicht haben müßte, um dies und jenes zu sein oder nicht zu sein" (2, 157, 41). Und auch der Forsteraufsatz scheint eine Spitze gegen Schiller zu enthalten; dieser sollte wohl mitgetroffen werden durch die Zurückweisung der allgemeinen Liebhaberei der deutschen Autoren, „die Geschichte des Altertums zu erfinden" [3] (2, 137, 9).

---

[1] Minor 2, 32, 25. — [2] Ebd. 2, 131, 21. — [3] Vgl. Walzel S. 140.

Mit vollkommener Deutlichkeit zeigen endlich die Kritischen Fragmente Friedrichs veränderten Standpunkt, die wie die beiden eben erwähnten Abhandlungen in Reichardts Lyceum der schönen Künste erschienen. Persönliche Reibungen mit Reichardt und der Wunsch, ganz unabhängig zu sein, führten endlich zur Begründung einer eigenen Zeitschrift, des Athenäums, und damit eigentlich erst zur Konstituierung einer romantischen Schule. Friedrich wurde ihr Gesetzgeber. Nicht von vornherein stand ihm der Begriff der romantischen Dichtung fest; im November 1797 noch schrieb er seinem Bruder, er könnte ihm die Erklärung des Worts romantisch nicht schicken, weil sie 125 Bogen lang sei — Beweis genug, wie unfertig seine Theorie noch war[1]. Haym (S. 250 ff.) hat gezeigt, wie oft der Sinn wechselt, der mit dem Wort romantisch verbunden wird. An vielen Stellen bedeutet „romantische Poesie“ nichts anderes als Romanpoesie; und da der Wilhelm Meister als der Roman κατ’ ἐξοχήν gilt, werden viele Stellen nur im Hinblick auf dieses Werk verständlich. Andrerseits ist der Ausdruck auch als Gegensatz zur antiken Dichtung gedacht, wie ihn auch schon die Aufsätze der ersten Periode kennen. Erst allmählich gewinnt er programmatische Bedeutung.

Die erhöhte Wertschätzung der modernen Poesie neben der antiken bildet ein Hauptcharakteristikum von Friedrich Schlegels zweiter Periode im Gegensatz zur ersten. Hier fiel alles Licht auf die Alten und nur gelegentliche Ausblicke zeigten, daß ihm die Dichtung der Neuern nicht völlig fremd war; inzwischen ist sie in viel weiterem Umfang in seinen Gesichtskreis getreten und fordert ihr Recht[2]. Deshalb erscheinen ihm seine Jugendarbeiten jetzt als einseitig, deshalb sieht er jetzt ironisch auf die „revolutionäre Objektivitätswut“ seiner früheren „philosophischen Musikalien“ herab (Lyc. 66), tadelt den gänzlichen Mangel an der unentbehrlichen Ironie (Lyc. 7) und beklagt, daß noch nichts recht Tüchtiges wider die Alten, besonders wider ihre Poesie geschrieben sei (Lyc. 11). In einigen Fragmenten wird das Verhältnis antiker und moderner Dichtung in einem Sinn bestimmt, der den An-

[1] Walzel S. 317. — [2] Ebd. S. 318.

schauungen Schillers und der ersten Periode Schlegels recht
nahe steht. „Aus dem, was die Modernen wollen", heißt es
einmal, „muß man lernen, was die Poesie werden soll; aus
dem, was die Alten tun, was sie sein muß" (Lyc. 84)[1]. Das
soll offenbar nichts anderes bedeuten, als was Schiller mit den
Worten ausdrückt: „Aber wenn es der naive Dichter dem sentimentalischen auf der einen Seite an Realität abgewinnt und
dasjenige zur wirklichen Existenz bringt, wornach dieser nur
einen lebendigen Trieb erwecken kann, so hat letzterer wieder
den großen Vorteil über den erstern, daß er dem Trieb einen
größeren Gegenstand zu geben im stand ist, als jener geleistet
hat und leisten konnte . . . Jener erfüllt zwar also seine Aufgabe, aber die Aufgabe selbst ist etwas Begrenztes; dieser
erfüllt zwar die seinige nicht ganz, aber die Aufgabe ist ein
Unendliches" (8, 376, 20. 377, 4). Von Schiller hat Schlegel
gelernt, moderne Elemente in den Alten zu finden (Ath. 159)[2],
und auf Schiller geht auch das Fragment von der Transszendentalpoesie (Ath. 238) zurück, so sehr Friedrich sich sträuben
mochte, das anzuerkennen[3]. In der Vorrede zur Abhandlung
„Über das Studium der griechischen Poesie" hatte er es als
merkwürdig bezeichnet, daß in Schillers Charakteristik der drei
sentimentalen Dichtarten das Merkmal eines Interesses an der
Realität des Idealen in dem Begriff einer jeden derselben still-
schweigend vorausgesetzt oder sichtbar angedeutet werde
(1, 81, 1); und wenn hier die Transszendentalpoesie als eine Poesie
charakterisiert wird, „deren ein und alles das Verhältnis des Idealen
und des Realen ist", und als ihre Unterarten Satire, Elegie und
Idylle im Schillerschen Sinne bezeichnet werden, so kann der
Zusammenhang allerdings nicht zweifelhaft sein. Die Forderung der „künstlerischen Reflexion und schönen Selbstbespiege-
lung" freilich, die weiter daran geknüpft wird, deutet auf den
spezifisch Schlegelschen Begriff der Ironie und geht also über
Schiller hinaus. Das Verhältnis der jetzigen Ansicht Schlegels
zu seiner frühern charakterisiert sich, wie bereits angedeutet
wurde, so, daß die Merkmale der alten und neuen Poesie ungefähr dieselben bleiben und nur die Werturteile sich ändern,

---

[1] Vgl. Lyc. 93. Ath. 252. — [2] Vgl. Minor 1, 80, 4. — [3] Walzel S. 362.

wie besonders das noch näher zu besprechende Fragment
Ath. 116 zeigt. Doch auch daran könnte man irre werden,
wenn man einmal liest: „Alles Antike ist genialisch. Das ganze
Altertum ist ein Genius, der einzige, den man ohne Über-
treibung absolut groß, einzig und unerreichbar nennen darf"
(Ath. 248). Ist dies Fragment etwa eine Frucht der „erneuerten
antiken Epoche Friedrichs"?[1] Eher kann es wohl als Beweis
dafür gelten, daß er mit seiner Forderung Ernst machte,
daß ein recht freier und gebildeter Mensch sich selbst nach
Belieben — antik oder modern — müßte stimmen können (Lyc.
55. Ath. 121); Widersprüche hat er, wie sich im folgenden
noch mehrfach zeigen wird, nie gescheut, ja sie vielmehr für
ein Zeichen der Vielseitigkeit angesehen[2].

Worin besteht nun nach Friedrich Schlegels Theorie das
Eigentümliche und Bedeutende der romantischen Poesie? Das
wird sich am besten an der Hand des Fragments Ath. 116
entwickeln lassen, das gewissermaßen als Programm der neuen
Schule gelten kann und fast alle Hauptpunkte zusammenfaßt.
Von diesem Fragment will ich daher ausgehen, dabei aber,
wo sich eine Gelegenheit dazu bietet, andere bezeichnende
Fragmente heranziehen, auch auf die Gefahr hin, daß meine
Bemerkungen mehr den Charakter von Exkursen als von Er-
läuterungen annehmen.

> „Die romantische Poesie ist eine progressive Universalpoesie.
> „Ihre Bestimmung ist nicht bloß, alle getrennte Gattungen der Poesie
> „wieder zu vereinigen, und die Poesie mit der Philosophie und
> „Rhetorik in Berührung zu setzen."

Der Ausdruck „progressiv" zunächst erinnert daran, daß
Schlegel schon früher in der alten Poesie das System des
Kreislaufs, in der neuern das des Fortschritts herrschend gefunden hatte. Was „Universalpoesie" bedeuten soll, erklären
die folgenden Sätze. „Alle klassischen Dichtarten in ihrer
strengen Reinheit sind jetzt lächerlich", dekretiert Schlegel in
Übereinstimmung mit obigem Satz, im Gegensatz zu seinen
früheren, auf Reinerhaltung der Gattungen dringenden Arbeiten
(Lyc. 60). Das ist zugleich der erste Differenzpunkt zwischen

---

[1] An Wilhelm 28. November 1797; Walzel S. 323. — [2] Minor 2, 128, 17.
Ath. 397. 412; an Schleiermacher, 8. Februar 1802 (Jonas-Dilthey 3, 304).

Schlegel und den Klassikern. Minor hat zwar darauf hingewiesen, daß auch Goethe und Schiller in der Praxis einer
Vermischung der Gattungen nicht abgeneigt waren [1]; aber wie
vorsichtig gingen sie dabei zu Werke! Schiller verlangt — er
redet freilich von den verschiedenen Künsten, doch gilt das
naturgemäß auch von den Dichtarten —, daß der Künstler die
spezifischen Schranken seiner Kunst zu entfernen wisse, ohne
ihre spezifischen Vorzüge mit aufzuheben, und daß er durch
weise Benutzung ihrer Eigentümlichkeit ihr einen mehr allgemeinen Charakter erteile (8, 248, 36); und in demselben Brief,
in dem er die Frage erörtert, wie die Schranken der Gattung
zu überwinden seien, bezeichnet er das als die eigentliche
Aufgabe der Kunst, daß das wechselseitige Hinstreben der
Gattungen zueinander nicht in eine Vermischung und Grenz-
verwirrung ausarte [2]. Und dieser Mahnung stimmt auch Goethe
rückhaltlos zu [3]. Diese Besonnenheit fehlt Schlegel nun voll-
ständig und noch krasser springt der Gegensatz in die Augen,
wenn man sich die dichterische Praxis der Romantiker ver-
gegenwärtigt. Die nach musikalischen Effekten haschende
Lyrik Tiecks, das Durcheinander epischer, lyrischer und dra-
matischer Bestandteile in seiner Genoveva und die Unform der
Lucinde zeigen unzweideutig, wie wohlberechtigt die Mahnungen
Schillers und Goethes waren.

Aber nicht nur die Gattungen sollen vermischt, die Poesie
soll auch mit Philosophie und Rhetorik in Berührung gesetzt
werden. Der Ausdruck ist ja nicht vollkommen deutlich,
andere Aussprüche aber beseitigen jeden Zweifel daran, daß
Schlegel auch nicht gewillt ist, die Grenzen von Wissenschaft
und Kunst zu respektieren. Damit ignoriert er völlig die
Resultate der Arbeit von Kant und Schiller. Mit ihnen zwar
ist er überzeugt von dem unendlichen Wert der Poesie (Lyc.
7. 87), mit ihnen betrachtet er sie als Selbstzweck (Lyc. 65)
und lehnt eine Kunst als Mittel des Sinnenkitzels ebenso ab,
wie die Forderung der sittlichen Veredlung (Lyc. 51. 59), aber
was bei jenen das Resultat tiefer Untersuchungen ist, erscheint

---

[1] GGA. 1892, 657—63. — [2] Jonas 5, 310. — [3] Weim. Ausg., Briefe,
12, 388, 13.

bei Schlegel mehr als Ausdruck persönlicher Liebhaberei. Das Bestreben Kants und Schillers war ja darauf gerichtet, die spezifische Gesetzlichkeit des ästhetischen Bewußtseins zu ergründen und eben dadurch die Autonomie der Kunst zu wahren. Auf der anderen Seite mußte ihnen die Selbständigkeit der anderen Kulturgebiete nicht minder am Herzen liegen und um diese gegen Übergriffe ästhetischer Beurteilung zu sichern, schrieb Schiller seine Abhandlungen: „Von den notwendigen Grenzen des Schönen, besonders im Vortrag philosophischer Wahrheiten" und „Über die Gefahr ästhetischer Sitten". Weil es Schlegel an dieser sichern Begründung fehlt, verwischen sich bei ihm wie die Grenzen der Gattungen auch die der verschiedenen Kulturgebiete[1]. So fordert er: „Alle Kunst soll Wissenschaft und alle Wissenschaft soll Kunst werden" (Lyc. 115) oder meint: „In der Philosophie geht der Weg zur Wissenschaft nur durch die Kunst, wie der Dichter im Gegenteil erst durch Wissenschaft ein Künstler wird" (Ath. 302). Wie Schlegel Ath. 255 diesen Satz näher bestimmt und vom Künstler gründliche Einsicht und Wissenschaft von seinen Mitteln und Zwecken, ihren Hindernissen und Gegenständen verlangt, das ist freilich ganz im Sinne Goethes und Schillers. Wie jener gesagt hatte: „Die Kunst bleibt Kunst! Wer sie nicht durchgedacht, der darf sich keinen Künstler nennen"[2], so hat dieser gegen Wilhelm Schlegel bekannt, daß er durch seine philosophischen Arbeiten auch als Künstler gefördert worden sei[3]. Von diesem Standpunkt aus verurteilt Friedrich die „Kraftgenies" (Ath. 306) und fordert, daß in einem guten Gedicht alles Absicht und alles Instinkt sei (Lyc. 23)[4]. Aber eben die Betonung des Absichtlichen führte dann doch zu unkünstlerischen Folgerungen, zum übermäßigen Begünstigen eines reflektierenden Elements — davon wird bei Gelegenheit der Ironie mehr zu sagen sein — oder zur Vernachlässigung des spezifisch künstlerischen Könnens, wie sie sich in dem Satz ausspricht:

---

[1] Lyc. 61 freilich gesteht: „Streng genommen ist der Begriff eines wissenschaftlichen Gedichts wohl so widersinnig, wie der einer dichterischen Wissenschaft" (vgl. auch Ath. 252).

[2] Werke 16, 155, V. 971. — [3] Jonas 4, 384; s. o. S. 47. — [4] Vgl. Ath. 51. 305. 418.

„Nicht die Kunst und die Werke machen den Künstler, sondern der Sinn und die Begeisterung und der Trieb" (Lyc. 63). Demgegenüber konnte Schiller mit Recht betonen, daß es in der Kunst aufs Machen ankomme[1]. — Bedenklicher noch ist aber die Ästhetisierung der Wissenschaft, die Schlegel fordert. Auch den Philosophen schreibt er ein „genialisches Unbewußtsein" zu (Ath. 299), das sonst als Charakteristikum des schaffenden Künstlers galt; er feiert den Witz als prophetisches Vermögen (Lyc. 126), als Prinzip und Organ der Universalphilosophie (Ath. 220) und bezeichnet die wichtigsten wissenschaftlichen Entdeckungen als Bonmots der Gattung. Dieses Hervorheben des auch in der Wissenschaft unentbehrlichen genialen Aperçu — nichts anderes soll offenbar der „Witz" bedeuten — ließe man sich schon gefallen, bestände nicht die gegründete Befürchtung, daß bald die Strenge wissenschaftlicher Forschung darüber vernachlässigt würde. In jenem Fragment (Ath. 220) verlangt Schlegel daneben freilich noch eine „sichere Methode", aber wenn er Ath. 82 Behaupten für schwerer erklärt als Beweisen[2], so ist das eine jener schlimmen Halbwahrheiten, mit denen er sein eigenes undiszipliniertes Denken vor sich selbst rechtfertigen will. So weiß er auch geschickt eine sophistische Verteidigung der Form des Fragments zu ersinnen (Lyc. 103. Ath. 23), die er doch im Grunde nur gewählt hatte, weil er selbst ein „System von Fragmenten" war[3]. Und diese Form, selbst ein Ausdruck der Ästhetisierung der Wissenschaft, wurde ihm — man muß das nachdrücklich betonen — zum Verderben. Zwar hat man die Fragmente als Muster witziger Aphorismen gepriesen[4], und daß sie witzig und geistreich sind, besonders die polemischen, kann nicht bestritten werden. Aber für ein bloßes Feuerwerk von Esprit waren die behandelten Probleme doch zu ernst und schwer und eine Förderung der Erkenntnis kann man in dieser launenhaften aphoristischen Form noch weniger erwarten. Für Schlegel selbst aber bedeutete dieses Ausschütten

---

[1]) Jonas 6, 263; vgl. Goethe an Zelter 26. Oktober 1831.
[2]) Vgl. Walzel S. 320.
[3]) Walzel S. 336. 356; vgl. Wilhelm an Schleiermacher 22. Januar 1798 (Jonas-Dilthey 3, 71). - [4]) Walzel DNL. 143, XXVIII.

unreifer halbfertiger Ideen den Verzicht auf ein ernstes Durch-
denken und Begründen des in ihm wogenden Gedankenreich-
tums. Kein Wunder, daß er sich später dem Mystizismus und
Katholizismus in die Arme warf. Es ist wohl kaum nötig, an
Schillers unermüdliches Kantstudium und seine intensive
Gedankenarbeit zu erinnern, um den Unterschied beider Persönlichkeiten zu ermessen.

Daß Friedrichs Ästhetizismus auch vor der Sittlichkeit
nicht Halt machte, zeigt der nun folgende Passus.

> „Sie will und soll auch Poesie und Prosa, Genialität und Kritik,
> „Kunstpoesie und Naturpoesie bald mischen, bald verschmelzen, die
> „Poesie lebendig und gesellig, und das Leben und die Gesellschaft
> „poetisch machen, den Witz poetisieren, und die Formen der Kunst
> „mit gediegnem Bildungsstoff jeder Art anfüllen und sättigen, und
> „durch die Schwingungen des Humors beseelen. Sie umfaßt alles,
> „was nur poetisch ist, vom größten wieder mehre Systeme in sich
> „enthaltenden Systeme der Kunst, bis zu dem Seufzer, dem Kuß,
> „den das dichtende Kind aushaucht in kunstlosen Gesang.“

Die Poesie soll das Leben und die Gesellschaft poetisch
machen, fordert Schlegel hier, wie er auch in der Rezension
des Wilhelm Meister wiederholt von der „Kunst zu leben“
spricht [1]; die ästhetische Lebensanschauung des Wilhelm Meister,
die ja überhaupt so stark auf die Romantik wirkte [2], hat es ihm
angetan. Auch Schiller hatte zum Teil im Hinblick auf Goethe
das Idealbild der „schönen Seele“ gezeichnet, in der Sinnlichkeit und Vernunft, Pflicht und Neigung harmonieren (8, 96, 4).
Aber schon in der Abhandlung über Anmut und Würde hatte
er betont, daß diese Charakterschönheit nur eine Idee sei, „welcher
gemäß zu werden er [der Mensch] mit anhaltender Wachsamkeit
streben, aber die er bei aller Anstrengung nie ganz erreichen
kann“ (8, 97, 27); in der Wirklichkeit nämlich werden immer
Fälle eintreten, wo die Gesetzgebung der Natur durch den
Trieb mit der Gesetzgebung der Vernunft aus Prinzipien in
Streit gerät, und „in diesem Fall ist es unwandelbare Pflicht
für den Willen, die Forderung der Natur dem Ausspruch der
Vernunft nachzusetzen, da Naturgesetze nur bedingungsweise,
Vernunftgesetze aber schlechterdings und unbedingt verbinden“

---

[1] Minor 2, 167, 34. 170, 31. 180, 18. — [2] Haym S. 136 ff.

(8, 100, 4). Und später hat Schiller in dem bereits S. 60 zitierten Horenaufsatz noch einmal auf die Gefahren einer ausschließlich ästhetischen Bildung hingewiesen (8, 302 ff.). Ja, Schlegel hatte früher dieser Ansicht nicht ferngestanden und geglaubt, gegen Schillers Abhandlung über den moralischen Nutzen ästhetischer Sitten auf das Verführerische ästhetischer Bildung hinweisen zu müssen[1]. Wie sein jetziges Ideal aussieht, läßt sich weniger aus den Athenäumsfragmenten als aus der Lucinde ersehen. Dort hat er allerdings der Opposition gegen die herrschende Sittlichkeit, gegen die „Ökonomen der Moral" scharfen Ausdruck gegeben[2] und wie schon im Diotima-Aufsatz die damalige Auffassung von der Stellung der Frau heftig bekämpft[3], in der Lucinde aber hat er dargestellt, was es für ihn hieß, sein Leben zum Kunstwerk zu gestalten[4]. Es ist die rückhaltlose Verteidigung völliger Zügellosigkeit, und wenn man noch soviel auf Rechnung der polemischen Tendenz und der Neigung zum Paradoxen setzt, wird man doch sagen müssen, daß der Verfasser der Lucinde nicht der Mann war, eine neue Moral zu stiften, wie er wünschte[5]. Außer dem Verfasser wird wohl keiner das Leben des Julius ein Kunstwerk nennen. Ihm galt einfach alles als erlaubt und so sagt er denn bei einer andern Gelegenheit über die Liebe des Orpheus zum Kalais: „Die Richtung dieser Liebe aufs männliche Geschlecht kann derjenige, welcher es nicht anerkennt, daß Schönheit das einzige Gesetz und die wahre Sittlichkeit der Empfindungen ist, daß der freie Mensch unnatürlich sein darf, . . . am besten für bloße Poesie halten, ohne dabei länger zu verweilen, als um sich zu erinnern, daß Apollo und Hyakinthos trotz jenes Fehlers doch wohl natürlicher und gesitteter sein könnten, als alle, die dagegen reden"[6]. Freilich bezeichnet er an eben der Stelle die Knabenliebe „an sich" als Verirrung, aber die Gleichsetzung der Schönheit und Sittlichkeit droht der letzteren jede feste Grundlage zu entziehen. Daß hier gar keine Gemein-

---

[1]) Minor 2, 10, 3.

[2]) Ath. 34 (Ehe à quatre). 272. 373. 390. 414. 425.

[3]) Ath. 31. 49. 420. — [4]) Lucinde S. 206. — [5]) An Schleiermacher (Jonas-Dilthey 3, 80). — [6]) Minor 1, 203, 13.

schaft mehr mit Schiller existiert, bedarf keiner Erörterung, nur auf die „Idylle über den Müßiggang"[1] sei hier noch hingewiesen als auf ein charakteristisches Beispiel für die Art, wie Schlegel hohe und edle Gedanken Schillers bis zur Karikatur verzerrt, oder wie — falls die Ähnlichkeit auf Zufall beruhen sollte — ihre Anschauungen bei scheinbarer Verwandtschaft in der Tat einander diametral entgegengesetzt sind. Schiller hatte in den ästhetischen Briefen den Satz ausgesprochen, daß der Mensch nur da ganz Mensch ist, wo er „spielt", und in diesem Sinn den Müßiggang der Olympischen Götter als einen bloß menschlicheren Namen für das freieste und erhabenste Sein gedeutet (8, 224, 10. 26) und im Gedicht Herkules nach vollbrachter Arbeit der Freuden des Olymps teilhaftig werden lassen (1,118). Dasselbe Gedicht zeigt aber auch, wenn es eines Beweises bedarf, daß dieses „freieste und erhabenste Sein" nur als Ideal gedacht ist, daß auf Erden Mühe, Arbeit und Not herrschen. Für Schlegel ist der Müßiggang das eigentliche Prinzip des Adels, das vollendetste Leben nichts als reines Vegetieren, die Götter sind nur darum Götter, weil sie mit Bewußtsein und Absicht nichts tun, weil sie das verstehen und Meister darin sind; Herkules „hat auch gearbeitet und viel grimmige Untiere erwürgt, aber das Ziel seiner Laufbahn war doch immer ein edler Müßiggang und darum ist er auch in den Olymp gekommen"[2]. Und wie Schiller es mit der Tat bewährte, daß der Fleiß dem Leben den alleinigen Wert gibt[3], so übte Schlegel, wie wir aus gleichzeitigen Briefen wissen[4], auch im Leben die „gottähnliche Kunst der Faulheit"[5].

Doch es ist Zeit, die eigentlich ästhetischen Grundsätze Friedrichs zu prüfen. Die bisher zitierten Sätze haben nicht viel mehr ergeben, als die Neigung zur Mischung aller Gattungen, Formen und Stoffe. Bedeutsam ist höchstens noch die Beachtung des Humors, der in der klassischen Ästhetik etwas stiefmütterlich behandelt war; doch bleibt es auch hier bei dem bloßen Hinweis. Die nun folgenden Sätze des pro-

---

[1] Lucinde S. 77. — [2] Ebd. S. 83 ff. — [3] Jonas 6, 427.
[4] Friedrich an Schleiermacher 3. Juli 1798, Dorothea an dens. 11. Okt. 1799 (Jonas-Dilthey 3, 75. 127). — [5] Lucinde S. 77.

grammatischen Fragments führen uns ins Zentrum der romantischen Ästhetik, indem sie den Begriff der Ironie umschreiben.

> „Sie kann sich so in das Dargestellte verlieren, daß man glauben
> „möchte, poetische Individuen jeder Art zu charakterisieren, sei
> „ihr ein und alles; und doch gibt es noch keine Form, die so
> „dazu gemacht wäre, den Geist des Autors vollständig auszudrücken:
> „so daß manche Künstler, die nur auch einen Roman schreiben
> „wollten, von ungefähr sich selbst dargestellt haben. Nur sie kann
> „gleich dem Epos ein Spiegel der ganzen umgebenden Welt, ein
> „Bild des Zeitalters werden. Und doch kann auch sie am meisten
> „zwischen dem Dargestellten und dem Darstellenden, frei von allem
> „realen und idealen Interesse auf den Flügeln der poetischen Reflexion
> „in der Mitte schweben, diese Reflexion immer wieder potenzieren
> „und wie in einer endlosen Reihe von Spiegeln vervielfachen.“

Daß hier in der Tat die romantische Ironie charakterisiert wird, ergibt sich aus Friedrichs anderweitigen Äußerungen über diesen Begriff, der ebenso wie der Begriff des Romantischen in seiner etwas schillernden Bedeutung verrät, daß er mehreren Quellen seinen Ursprung verdankt. Die Ironie, die Schlegel bei Sokrates und im Wilhelm Meister gefunden, erhält auf Grund der Fichteschen Lehre eine tiefere Bedeutung[1]. Wenn Schlegel am Wilhelm Meister, den er auch in den ersten Sätzen des eben zitierten Abschnittes unverkennbar vor Augen hat, die Ironie rühmt, die über dem ganzen Werk schwebt und hervorhebt, wie der Dichter auf sein Meisterwerk selbst von der Höhe seines Geistes herabzulächeln scheine[2], so ist hier nichts anderes gemeint als die Tatsache, daß der Dichter über seinem Stoff steht. Einen andern Sinn hat es, wenn er die Sokratische Ironie eine „stete Selbstparodie“ nennt und von ihr sagt: „Sie enthält und erregt ein Gefühl von dem unauflöslichen Widerstreit des Unbedingten und des Bedingten, der Unmöglichkeit und Notwendigkeit einer vollständigen Mitteilung. Sie ist die freieste aller Lizenzen, denn durch sie setzt man sich über sich selbst weg; und doch auch die gesetzlichste, denn sie ist unbedingt notwendig“ (Lyc. 108). Was hier vom Philosophen verlangt wird, wird natürlich auch vom Dichter gefordert; auch er soll sich — darin besteht die Ironie — über alles Bedingte

---

[1]) Haym S. 256 ff. — [2]) Minor 2, 175, 20. 171, 32.

zu erheben vermögen, auch über eigene Kunst, Tugend oder
Genialität (Lyc. 42. 87). Diese Lehren sind nichts als eine
Anwendung Fichtescher Ideen auf die ästhetische Welt. „Auf
dem Streit der unendlichen Freiheit des menschlichen Geistes“
— ich zitiere Haym (S. 259) — „mit seiner ursprünglichen
Beschränktheit beruht nach dieser Lehre das Ganze der vor-
gestellten und der sittlichen Welt. Es ist ein endloser, ein in
keiner Zeit zu schlichtender Streit; er erscheint geschlichtet
nur in der Idee des unbedingten, dem Prozeß des menschlichen
Denkens und Wollens schwebend untergebreiteten, nie reali-
sierten und doch ewig zu realisierenden Ich“. Von diesem
Gegensatz des Bedingten und Unbedingten ausgehend, verlangt Schlegel vom Künstler nicht nur das Bewußtsein der
Unzulänglichkeit eines jeden Werks, sondern auch, daß er
diesem Bewußtsein in seinem Werk Ausdruck verleihen solle.
— Manche der Schlegelschen Ideen stehen der Schillerschen
Gedankenwelt nicht fern. Auch Schiller rühmt am Wilhelm
Meister, „daß Ernst und Schmerz durchaus wie ein Schattenspiel
versinken und der leichte Humor vollkommen darüber Meister
wird .. daß der Ernst in dem Roman nur Spiel und das Spiel in
demselben der wahre und eigentliche Ernst ist“[1], und drückt damit dasselbe aus, was Schlegel als Ironie rühmt, die rein künstlerische Wirkung im Gegensatz zur bloß stofflichen[2]. Auch
daß die Schönheit in der Erfahrung nie der Schönheit in der
Idee entspricht, daß in der Wirklichkeit keine rein ästhetische
Wirkung anzutreffen ist, konnte ihm nicht entgehen, das war
aber für ihn nur ein Sporn, sich dem Ideal immer mehr zu
nähern und die Schranken der Gattungen und Stoffe zu überwinden (8, 226, 7. 247, 29. 249, 4). Schlegels Forderung hingegen, der Künstler solle sich auch über eigne Kunst, Tugend
oder Genialität erheben, muß geradezu lähmend auf die künstlerische Produktion wirken. Andrerseits muß diese poetische
Reflexion, stete Selbstparodie und transszendentale Buffonerie
(Lyc. 42) jede reine künstlerische Wirkung unmöglich machen.
Während Schiller im ästhetischen Zustand, so unvollkommen
er in der Wirklichkeit realisiert werden mag, ein Symbol der

---

[1] Jonas 4, 467. — [2] Vgl. auch Schiller 8, 247, 18. 249, 14.

ausgeführten Bestimmung des Menschen sah, drohte das beständige Betonen des Gegensatzes vom Bedingten und Unbedingten bei Schlegel, seiner Überzeugung vom unendlichen Wert der Kunst die Grundlage zu entziehen. Die Wendung, die seine Kunstansicht demnächst nehmen sollte, war damit schon vorbereitet.

> „Sie ist der höchsten und der allseitigsten Bildung fähig; nicht
> „bloß von innen heraus, sondern auch von außen hinein; indem sie
> „jedem, was ein Ganzes in ihren Produkten sein soll, alle Teile
> „ähnlich organisiert, wodurch ihr die Aussicht auf eine grenzenlos
> „wachsende Klassizität eröffnet wird. Die romantische Poesie ist
> „unter den Künsten, was der Witz der Philosophie und die Gesell-
> „schaft, Umgang, Freundschaft und Liebe im Leben ist. Andere
> „Dichtarten sind fertig, und können nun vollständig zergliedert
> „werden. Die romantische Dichtart ist noch im Werden; ja das ist
> „ihr eigentliches Wesen, daß sie ewig nur werden, nie vollendet sein
> „kann. Sie kann durch keine Theorie erschöpft werden, und nur
> „eine divinatorische Kritik dürfte es wagen, ihr Ideal charakterisieren
> „zu wollen.“

Die unendliche Bildsamkeit und Entwicklungsfähigkeit der romantischen Poesie, die hier nochmals betont wird, ist identisch mit dem, was der Ausdruck „progressive Universalpoesie“ besagt. Zu Bemerkungen veranlaßt nur die Forderung einer divinatorischen Kritik. Ath. 114 bestimmt genauer, was damit gemeint ist: „Eine Definition der Poesie kann nur bestimmen, was sie sein soll, nicht, was sie in der Wirklichkeit war und ist; sonst würde sie am kürzesten so lauten: Poesie ist, was man zu irgend einer Zeit, an irgend einem Orte so genannt hat“ [1]. Damit ist in der Tat treffend der Mangel jeder bloß historischen Betrachtungsweise gekennzeichnet und eben die Aufgabe formuliert, die Schiller in den ästhetischen Briefen zu lösen bemüht war, indem er von der „Idee des Schönen“ ausging. Um so merkwürdiger berührt es, in einem Brief Schlegels vom 6. März 1798 zu lesen: „Mich ekelt vor jeder Theorie, die nicht historisch ist“ [2]. Daß neben dem ästhetischen Urteil der Nachweis der historischen und individuellen Bedingtheit eines Kunstwerks von großem Wert ist, bedarf keines Beweises; warum diese Beurteilungs-

---

[1]) Vgl. auch Minor 1, 309, 25. — [2]) Walzel S. 360; ebenso 6. Januar 1800 an Schleiermacher (Jonas-Dilthey 3, 145).

weise jetzt aber die einzige bleiben soll, ist nicht recht einzusehen. — Kurz erwähnt sei hier noch eine andere Anforderung, die an die Kritik gestellt wird und wieder die Verwischung der Grenzen von Kunst und Wissenschaft bezeugt: „Poesie kann nur durch Poesie kritisiert werden" (Lyc. 117; vgl. Ath. 28); das wurde bald ein Lieblingssatz der Romantik.

> „Sie allein ist unendlich, wie sie allein frei ist und das als ihr
> „erstes Gesetz anerkennt, daß die Willkür des Dichters kein Gesetz
> „über sich leide. Die romantische Dichtart ist die einzige, die mehr
> „als Art und gleichsam die Dichtkunst selbst ist: denn in einem
> „gewissen Sinn ist oder soll alle Poesie romantisch sein."

„Daß die Willkür des Dichters kein Gesetz über sich leide" fordert Friedrich Schlegel, und Schiller erklärt, im Reich des Scheines dürfe dem Künstler nichts heilig sein als sein eigenes Gesetz (8, 270, 6). Die Ausdrücke klingen ähnlich und sind doch in ihrem Wesen so verschieden wie die Begriffe „Gesetz" und „Willkür", wie die Persönlichkeiten Schillers und Schlegels. Was bedeutet das „Gesetz" bei Schiller? An der zitierten Stelle steht davon nichts, aber der ganze Inhalt seiner Schriften sagt es uns. Als den Begriff der Poesie bezeichnet er es einmal, „der Menschheit ihren möglichst vollständigen Ausdruck zu geben" (8, 336, 11); es ist ihre Aufgabe, in der künstlerischen Betrachtung jene Harmonisierung der widerstreitenden Triebe im Menschen herbeizuführen, die die „Idee", d. h. die Aufgabe des Menschen ist. Um dieses Zweckes willen darf der Künstler völlig frei mit seinem Stoff schalten, weil er ihn zu etwas Höherem, Wertvollerem gestaltet. So ist die Souveränität des Künstlers gegenüber dem Stoff gerade in der Gesetzlichkeit des ästhetischen Bewußtseins begründet und ebendeshalb auch auf das Gebiet der Kunst beschränkt. So wenig Schlegel das letztere anerkennt, so weit entfernt er sich auch sonst vom Standpunkt Schillers. Während auf der einen Seite mit der Ironie ein zersetzendes reflektierendes Element in die Kunst eindringt, begünstigt er auf der andern bloße Spiele der Phantasie. Zwar bezeichnet er es erst im Gespräch über die Poesie als den Anfang aller Poesie, „den Gang und die Gesetze der vernünftig denkenden Vernunft aufzuheben und uns wieder in die schöne Verwirrung der Phantasie, in das ursprüngliche Chaos der

menschlichen Natur zu versetzen“ [1], doch kommt eine gewisse
Vorliebe für Phantastik auch schon in den Athenäumsfragmenten zum Ausdruck (Ath. 125. 138. 418). Noch mehr wurde
die Freude am Phantastischen von Wilhelm Schlegel gepflegt,
wie ihr auch die romantische Dichtung huldigte. Diese Phantasiespiele gehören nun nach Schillers Meinung überhaupt noch
nicht zur Kunst, da sie noch ganz materieller Art seien und
sich aus bloßen Naturgesetzen erklärten (8, 276, 11); so hat er
denn wiederholt neben dem Naturalismus die Phantastik bekämpft und damit, wie Harnack [2] gewiß richtig vermutet, in
erster Linie die Romantiker treffen wollen [3].

Daß Schiller nicht sehr erbaut war, als er das Athenäums-
heft mit Friedrich Schlegels Fragmenten erhielt, ist nach dem
bisher Ausgeführten wohl verständlich; ihm tat „diese naseweise,
entscheidende, schneidende und einseitige Manier physisch
wehe“ [4], und als Goethe das polemische Verdienst betonte,
wollte Schiller den Schlegel zwar einen gewissen Ernst und ein
tieferes Eindringen nicht absprechen, hob jedoch nochmals „die
egoistischen und widerwärtigen Ingredienzien“ hervor. Und
sein Gesamturteil dürfte kaum zu scharf ausgefallen sein:
„Wenn das Publikum eine glückliche Stimmung für das Gute
und Rechte in der Poesie bekommen kann, so wird die Art,
wie diese beiden es treiben, jene Epoche eher verzögern als
beschleunigen; denn diese Manier erregt weder Neigung noch
Vertrauen noch Respekt, wenn sie auch bei den Schwätzern
und Schreiern Furcht erregt; und die Blöße, welche die
Herren sich in ihrer einseitigen und übertreibenden Art geben,
wirft auf die gute Sache selbst einen fast lächerlichen Schein“ [5].

Wie Schiller über Friedrichs spätere Beiträge zum Athenäum
geurteilt hat, wissen wir nicht; sie zeigen den ewig Veränder-
lichen wieder auf einer neuen Entwicklungsstufe. Er, der wenige
Jahre zuvor dem Mystizismus so scharf zu Leibe gerückt war
(s. o. S. 33), denkt jetzt, durch Hardenberg und Schleiermacher
angeregt, „eine neue Religion zu stiften“ [6], und eröffnet eine

---

[1] Minor 2, 362, 11. — [2] Klass. Ästh. S. 70 Anm. — [3] 5, 171, 35; vgl.
auch 8, 407, 5 und Jonas 5, 256. — [4] Jonas 5, 409. — [5] Ebd. 5, 410.
[6] An Hardenberg 2. Dezember 1798 (Novalis Briefwechsel, hrsg. v. Raich
S. 84); Ideen 52 hält er das freilich für frevelhaft.

neue Gruppe von Fragmenten, die „Ideen", mit dem Satz: „Die Forderungen und Spuren einer Moral, die mehr wäre als der praktische Teil der Philosophie, werden immer lauter und deutlicher. Sogar von Religion ist schon die Rede. Es ist Zeit, den Schleier der Isis zu zerreißen und das Geheime zu offenbaren. Wer den Anblick der Göttin nicht ertragen kann, fliehe oder verderbe". Religion aber ist für ihn wie für Schleiermacher „Sinn fürs Unendliche" [1]. Hier zuerst wird auf den „ewigen Orient" hingewiesen, Jakob Böhme gerühmt, neben ihm aber werden noch Dürer, Luther, Hans Sachs, Winckelmann und Goethe genannt. Noch stehen Kunst und Wissenschaft hoch in seiner Schätzung, aber doch nur als Wege zur Religion (Ideen 120. 135. 111). Schon früher (Lyc. 110) hatte er gefragt: „Sollte die harmonische Ausbildung .. der Künstler nicht etwa bloß eine harmonische Einbildung sein?" und jetzt verkündet er — hier wie dort offenbar im Hinblick auf Schiller —: „Vergeblich sucht ihr in dem, was ihr Ästhetik nennt, die harmonische Fülle der Menschheit, Anfang und Ende der Bildung. Versucht es, die Elemente der Bildung und der Menschheit zu erkennen und betet sie an, vor allen das Feuer" (Ideen 72). Einen mystischen Sinn erhält jetzt auch die Ironie, wenn es heißt: „Ironie ist klares Bewußtsein der ewigen Agilität, des unendlich vollen Chaos" (Ideen 69); was damit gemeint ist, wird sich noch zeigen.

Friedrichs poetische Theorie erfährt nämlich nunmehr auch eine neue Gestaltung im „Gespräch über die Poesie". Die hier ausgesprochenen Anschauungen berühren sich eng mit Ideen Schellings, die dieser in seinem „System des transszendentalen Idealismus" vorgetragen hat. Das System ist wie das Gespräch im Jahr 1800 erschienen; mit Sicherheit läßt sichs also wohl nicht bestimmen, in wessen Kopf die Ideen entsprungen waren. Bei Schlegels Skrupellosigkeit, mit der er Gedanken anderer als sein Eigentum betrachtete — er nannte das symphilosophieren —, ist es jedoch wahrscheinlich, daß Schelling der Gebende war; manches mag auch mündlichem Gedankenaustausch seinen Ursprung verdanken. Viel-

---

[1] Haym S. 127; Ideen 81, Minor 2, 324, 43.

leicht im Hinblick auf Schlegel hat Schelling in einer Anmerkung (S. 477) erklärt: „Die weitere Ausführung dieses
Gedankens enthält eine schon vor mehreren Jahren ausge-
arbeitete Abhandlung über Mythologie, welche nun binnen
kurzem erscheinen soll“[1]. Schelling hat in dem System des
transszendentalen Idealismus[2] seiner ästhetisierenden Philosophie
durch eine Kunstlehre den Schlußstein eingefügt. Ich rekapi-
tuliere die Hauptpunkte nach Haym S. 646 ff. Das Ich spaltet
sich dem Philosophen „in ein theoretisches und praktisches,
in ein bewußtlos und ein bewußt produzierendes, aber zugleich
weiß er, daß beide in der Wurzel eins sind. Dies sein Wissen
wird ihm nun sinnlich bestätigt durch das Kunstwerk“. So
wird die Kunst „das einzig wahre und ewige Organon und
Dokument der Philosophie.“ Schelling geht weiter, indem er
das Dichtungsvermögen nur als die höchste Steigerung der Einbildungskraft des bewußtlos produzierenden Ich bezeichnet; die
Natur wird damit zu einer ursprünglichen bewußtlosen Poesie des
Geistes. Wie die Natur ist auch die Kunstwelt, obwohl schon
im einzelnen Kunstwerk das Unendliche endlich dargestellt ist,
ein großes Ganzes, ein absolutes Kunstwerk. Ja, wie die
Philosophie und die Wissenschaften von der Poesie geboren
sind, so ist zu erwarten, daß sie wieder in den allgemeinen
Ozean der Poesie zurückfließen werden. Als Mittelglied der
Rückkehr der Wissenschaft zur Poesie endlich wird die Mythologie bezeichnet. Mit diesem mehr poetischen als philosophischen Lehrgebäude hat der Ästhetizismus der Romantik
seinen Gipfel erreicht. Es kann nicht überraschen, daß Friedrich und bald darauf Wilhelm sich Schellings Lehre aneignen. In
einigen Punkten war ihm Friedrich schon vorausgegangen.
Auch er bereits hatte die Welt als Kunstwerk des Geistes bezeichnet (Ath. 168) und vermutet, daß die höchste Philosophie
wieder Poesie werden dürfte, und im Zusammenhang damit hatte
er es als die Aufgabe Schellings bezeichnet, die Philosophie in
ihre lebendigen Grundkräfte (Poesie und Praxis) zu scheiden
und sie zu ihrem Ursprung zurückzuführen (Ath. 304). Im
Gespräch über die Poesie nennt nun Schlegel wie Schelling

---

[1] Vgl. auch Haym S. 693. — [2] Schillers Urteil darüber: Jonas 6, 262 f.

die Erde ein „Gedicht der Gottheit" und gegen diese „bewußt-
lose Poesie" stehen ihm nun alle Gedichte an .Wert zurück[1].
„Alle heiligen Spiele der Kunst sind nur ferne Nachbildungen
von dem unendlichen Spiele der▴Welt, dem ewig sich selbst
bildenden Kunstwerk" (364, 32), „alle Schönheit ist Allegorie"
(364, 35). Und geschickt weiß er jetzt auch den Begriff der
Ironie in diesem Sinne umzubiegen; indem sie das Spiel des
Lebens wirklich auch als Spiel nehme, werde sie zu einem
Zeichen, einem Mittel zur Anschauung des Ganzen in dem
Augenblick, wo wir uns zu diesem erheben[2] (364, 23). Dieselbe
Weisheit wird nun auch in dem für die Charakteristiken und
Kritiken geschriebenen Schluß des Lessingaufsatzes vorgetragen;
das Wesen der höhern Kunst und Form bestehe in der Be-
ziehung aufs Ganze, darum seien alle Werke Ein Werk, alle
Künste Eine Kunst, alle Gedichte Ein Gedicht; durch Allegorie
und Symbole werde die Beziehung auf das Ewige erreicht.
Von dieser höhern Kunst und Form nun finde man in den
philosophischen Büchern nicht die leiseste Ahnung; was da
gesagt sei, reiche allenfalls hin, die Uhrmacherkunst zu erklären (427, 10 ff.). Wir werden den Ausfall auch auf Schiller
zu beziehen haben, zumal bald darauf betont wird, die gemeine
Kunst würde durch noch so viel Würde und Anmut nie zur
höhern (427, 40). Schlegel folgt Schelling auch in andern
Punkten. Auch er verlangt, daß alle Künste und Wissenschaften, wie sie von der Poesie ausgegangen sind, dahin zurückfließen (364, 40)[3], auch er redet einer neuen Mythologie das
Wort. Die alte Mythologie oder besser noch die indische —
denn „im Orient müssen wir das höchste Romantische suchen"
— soll durch Spinoza und die „jetzige Physik" neu belebt
werden (362, 18. 30), gerate doch die Physik, sobald es ihr nur
um allgemeine Resultate zu tun sei, ohne es zu wissen, in
Kosmogonie, Astrologie, Theosophie „oder wie ihrs sonst
nennen wollt, kurz in eine mystische Wissenschaft vom Ganzen"
(365, 16). Damit wäre denn auch die Wissenschaft glücklich

---

[1] Minor 2, 339, 6. 12.

[2] In demselben Sinn wird der Begriff der Ironie noch in der Philosophie
der Sprache (1829), S. 60 u. 63 gefaßt. — [3] Doch vgl. auch S. 71 unten (Ath. 304).

in den Hafen des Mystizismus eingelaufen! Interessanter als diese Phantastereien sind einige Stellen, die das Motiv dieses Zuges zum Mystizismus verraten. So sagt Ludoviko in seiner Rede über die Mythologie: „Ihr habt selbst gedichtet und ihr müßt es oft im Dichten gefühlt haben, daß es euch an einem festen Halt für euer Wirken gebrach, an einem mütterlichen Boden, einem Himmel, einer lebendigen Luft“ (358, 7); und an einer andern Stelle heißt es, daß Spinoza der allgemeine Grund und Halt für jede individuelle Art von Mystizismus sei (363, 9). Wohin dieses Suchen nach einem Halt, den Friedrich in sich nicht hatte finden können, ihn führte, ist ja bekannt; im Jahr 1796 hatte derselbe Mann in seiner Rezension des Woldemar gesagt: „Welche Knechtschaft ist gräßlicher, als die mystische?“ (88, 34). — Doch hat das Gespräch über die Poesie auch erfreulichere Abschnitte aufzuweisen. Schlegel zeigt sich hier auch wieder in einer Eigenschaft, die seine besondere Stärke war, nämlich als Charakteristiker und Literarhistoriker. Es würde die Grenzen dieser Arbeit überschreiten, wollte ich mich darüber noch verbreiten; nur daß er hier eine neue Definition des Romantischen versucht hat, darf nicht übergangen werden. Romantisch, so lautet jetzt die Formel, ist, „was uns einen sentimentalen Stoff in einer phantastischen Form darstellt“ (370, 43); und was sentimental ist, will Schlegel an Petrarca und Tasso klarmachen. Sentimental ist „das, was uns anspricht, wo das Gefühl herrscht, und zwar nicht ein sinnliches, sondern das geistige“; Quelle dieser Regungen ist die Liebe, ein heiliger Hauch, „Hindeutung auf das Höhere, Unendliche, Hieroglyphe der Einen ewigen Liebe und der heiligen Lebensfülle der bildenden Natur“ (371, 19. 40). Die Beziehung auf das Ideal, die Schiller mit dem Begriff des Sentimentalen verbunden hatte, schimmert noch durch, hat aber auch die der Richtung des ganzen Aufsatzes entsprechende mystische Bedeutung erhalten. Übrigens wird jetzt das Moderne vom Romantischen unterschieden, das besonders bei Shakespeare, Cervantes, in der italienischen Poesie, in dem Zeitalter der Ritter, der Liebe und der Märchen gefunden wird (372, 33). So erhält der Begriff allmählich immer mehr historische Bedeutung und wird bald von Wilhelm Schlegel in diesem Sinn weiter entwickelt.

Das Gespräch über die Poesie war der letzte größere Beitrag Friedrichs für das Athenäum; das Heft, das den Schluß dieses Aufsatzes brachte, war das letzte der Zeitschrift. Bei Begründung des Blattes hatte er gehofft, er und sein Bruder würden in 5—10 Jahren kritische Diktatoren Deutschlands sein[1], jetzt waren die Hoffnungen gescheitert[2]. Friedrich versuchte sich als Dozent in Jena, mußte jedoch bald Schelling weichen. Gleichzeitig verlegte er sich aufs Dichten und lernte bei Wilhelm die schwierigen italienischen Versmaße nachahmen. Im Alarcos suchte er die Vereinigung des Antiken und Romantischen in der Dichtung praktisch zu vollziehen. Goethe nahm ihn der obligaten Silbenmaße wegen zur Aufführung an und Schiller half, seinen Groll vergessend, bei der Inszenierung; aber nur durch die Autorität Goethes wurde ein Mißerfolg verhütet. Ökonomische Verlegenheiten veranlaßten Friedrich im Jahr 1802, nach Paris überzusiedeln[3]. Vorher gab er noch mit seinem Bruder die Charakteristiken und Kritiken heraus, für die er auch noch einen neuen fleißigen Aufsatz über Boccaccio beisteuerte. —

August Wilhelm Schlegel tritt in dieser Periode neben seinem Bruder durchaus in den Hintergrund; er macht auch in seinen Ansichten keinen so radikalen Umschwung durch, wie Friedrich. Daß er auch äußerlich die Beziehungen zu Schiller, hauptsächlich um Goethes willen, aufrecht erhält, ist bereits im zweiten Kapitel erwähnt; er schickt ihm die neuen Hefte des Athenäums und ist ängstlich darauf bedacht, alles zu unterdrücken, was Schiller verletzen könnte. Als Schleiermacher, von Friedrichs Schillerhaß angesteckt, von ihm verlangt, er solle Schiller „springen lassen“, und meint, es wäre eine himmelschreiende Sünde, „solch ein risibles Subjekt zu vernachlässigen“[4], erklärt der vorsichtige Wilhelm: „Wenn wir mit Schiller übel umgehen, so verderben wir unser persönliches Verhältnis mit Goethe, woran mehr gelegen ist, als an

---

[1]) Walzel S. 301.

[2]) Übrigens galt ihm selbst schon 1801 das Athenäum als veraltet (Walzel S. 472).

[3]) Galerie von Bildnissen aus Rahels Umgang, hrsg. v. Varnhagen I, 230.

[4]) Haym 722 Anm.

allen Teufeleien der Welt" [1]. Während er sich unter dem Einfluß von Karoline (Waitz 1, 253) gegen Gries recht kühl über den Wallenstein ausspricht [2], schreibt er nach der Aufführung der Piccolomini an Goethe, es sei etwas recht wohltätiges gewesen, einmal wieder ein Schauspiel von der Art zu sehen, wie sie leider ganz von der Bühne verschwunden seien [3]; von der Maria Stuart freilich weiß er nur zu sagen, daß sie ihn sehr interessiert hat [4]. Im Jahr 1800 kommt es sogar zu einer erneuten Annäherung zwischen Schiller und Wilhelm Schlegel [5] und dieser trägt jenem für die geplanten Jahrbücher (vgl. S. 79) eine Selbstrezension des Wallenstein an [6]. In dem unten (Anm. 6) angeführten Brief an Tieck (vom 14. Sept. 1800) spricht er freilich auch von schönen Fehlgriffen in Schillers Gedichten, wie man ja im Schlegelschen Hause beim Lesen der Glocke vor Lachen fast von den Stühlen gefallen war [7]. Und sollten damals nicht auch schon Wilhelms Scherzgedichte über die Glocke [8] entstanden sein, die er freilich erst 1832 veröffentlicht hat?

Wilhelms Beiträge zum Athenäum sind zum größten Teil Rezensionen. Seine Polemik ist hier schärfer, mutwilliger als in der Jenaischen Literaturzeitung, er läßt seinem Witz freier die Zügel schießen. Die Opfer sind zum Teil dieselben, die in den Xenien getroffen wurden: Kotzebue, der bald darauf in der „Ehrenpforte" eine gründlichere Züchtigung erhalten sollte, Jenisch, Ramdohr u. a. Aber auch Voß wird nicht mehr geschont und über Matthisson, den Schlegel früher günstiger beurteilt hatte (11, 243), wird ein strenges Gericht gehalten. Hatte Wilhelm früher Schillers Matthisson-Rezension gerühmt (10, 195), so meint er jetzt nicht ohne Grund, bei der Betrachtung sei ein tieferes Nachdenken aufgewendet worden, als bei der Hervorbringung (12, 67). Schiller selbst urteilte übrigens später auch nicht mehr so günstig über Matthisson [9]. Indirekt wird Schiller getroffen, wenn Humboldts ästhetische Versuche einen Seitenhieb erhalten (8, 40) oder gegen einen Horenaufsatz Hirts polemisiert wird (8, 38, Ath. 310). Schiller

---

[1] 1. Nov. 1799; Jonas-Dilthey 3, 131. — [2] Nord und Süd 84, 106. — [3] Schriften der Goethe-Ges. 13, 46. — [4] Ebenda S. 90.   [5] Ebenda S. 85. 90. 334. — [6] Briefe an Tieck 3, 236. — [7] Karoline 1, 272. — [8] Böcking 2, 211. — [9] Jonas 4, 166.

hatte den Aufsatz aufgenommen als Protest gegen die „allerneuesten Ästhetiker", die „das Schöne der Griechen von allem Charakteristischen zu befreien und dieses zum Merkzeichen der Modernen zu machen" suchen [1]; bei den allerneuesten Ästhetikern ist gewiß vornehmlich an Friedrich Schlegel zu denken, gegen dessen Aufsatz „Über das Studium der griechischen Poesie" auch mehrere Xenien gerichtet waren. Wilhelm stellt sich auf den Standpunkt Winckelmanns und Friedrichs. Ja, wenn er hier fragt: „Oder wird man in den Tragödien des Sophokles deswegen, weil sie höchst tragisch sind, die stille Größe und edle Einfalt wegleugnen?" [2], so dürfte das eine Replik sein gegen Xenion 840:

„Oedipus reißt die Augen sich aus, Iokasta erhenkt sich,
Beide schuldlos; das Stück hat sich harmonisch gelöst."

Soweit Wilhelm sich gelegentlich über ästhetische Fragen äußert, scheinen sich seine Ansichten gegen früher wenig verändert zu haben. Der Einfluß seines Bruders macht sich wohl stellenweise bemerkbar, doch hält er sich von dessen Exzentrizitäten fern. Wo er das Wort „Ironie" braucht, hat es einen ganz unverfänglichen Sinn (8, 115; 12, 79. 96). Im Gegensatz zu Friedrich, in Übereinstimmung mit den Klassikern, tritt er für Reinheit der Gattungen ein (8, 74. 122) und wahrt die ewigen Grenzen der verschiedenen Künste (9, 134; anders 9, 13, wo er aber wohl nicht im eigenen Namen spricht). Noch weniger läßt er sich sein sittliches Urteil trüben und verurteilt mit treffenden Worten die Unsittlichkeit August Lafontaines (12, 16) [3]. Die Lucinde mißfällt ihm durchaus [4] und nach einer späten Äußerung will er vom Druck der „törichten Rhapsodie" abgeraten haben [5]. Doch verficht er auch das Recht der Kunst, auch „Gemälde der Wollust" zu behandeln, schöner Mutwille allein kann sie retten (Ath. 14) [6], das Lächerliche läßt die Phantasie schwerlich in eine wollüstige Stimmung kommen (12, 105). Die Besprechung von Parnys *Guerre des dieux* — Goethe urteilte wie Schlegel über das Buch [7], das auch Schiller lustig fand [8] — gibt ihm Veranlassung, diese Frage im Zu-

---

[1] Jonas 5, 216 f. — [2] Minor 2, 255, 23. — [3] Vgl. 8, 111, Ath. 106. — [4] Haym 495 f. — [5] An Windischmann 29. Dezember 1834 (Böcking 8, 291). — [6] Vgl. 187, Böcking 9, 105. — [7] Briefe, Weim. Ausg. 14, 138, 11. — [8] Jonas 6, 62.

sammenhang mit dem Wesen des Komischen zu erörtern; was er über diesen Punkt vorbringt, wird im folgenden Kapitel zu besprechen sein. — In zwei Punkten nur geht Wilhelm weiter als Friedrich. Einmal ist er mehr als jener ein Freund bloßer Phantasiespiele und deshalb der Märchendichtungen (12, 48; 8, 60); das führt ihn zu seiner Überschätzung Tiecks (12, 27 ff.), von dessen Lyrik er sagt: „Es ist der romantische Ausdruck der wahrsten Innigkeit, schlicht und phantastisch zugleich“ (12, 35). (Wie Schiller über solche Phantasiespiele dachte, ist bereits S. 69 erwähnt.) Zum andern spielt Wilhelm zuerst mit dem Gedanken des Katholischwerdens (9, 87. 93. 98); doch halten sich seine Äußerungen im Rahmen dessen, was er später entschuldigend *„prédilection d'artiste“* nannte.

Ausdrücklich gegen Schiller gerichtet ist der Lob und Tadel sorgsam abwägende Aufsatz über Bürger, ein Muster literarhistorischer Betrachtung; er war zuerst für die nach dem Eingehen des Athenäums geplanten kritischen Jahrbücher bestimmt, erschien aber, da dieses Projekt scheiterte, in den mit Friedrich gemeinsam herausgegebenen Charakteristiken und Kritiken. Schiller war zweifellos zu hart mit Bürger ins Gericht gegangen und dieser hatte eine Ehrenrettung wohl verdient. Es ist dabei anzuerkennen, daß Schlegel sich nicht scheut, auch zu tadeln, was er tadelnswert findet, wobei er wiederholt mit Schiller zusammentrifft. Wie Schiller (13, 342, 12) unterscheidet er wahre und falsche Popularität (8, 116), rügt Derbheiten (8, 96. 104 f.) und tadelt den übermäßigen Gebrauch der Interjektionen (8, 102). Gegen Schiller (13, 579) nimmt er sich besonders der „Elegie, als Molly sich losreißen wollte“ an und nennt sie einen „Notruf der Leidenschaft, wobei das Mitgefühl jeden Tadel erstickt“ (8, 131). Im allgemeinen aber sucht er Bürger aus den Zielen, die er sich gesetzt, und aus den literarischen Zeitumständen heraus zu begreifen und zu würdigen.

Schon im Verlauf der Darstellung sind gelegentlich Urteile Schillers über die Schlegel angeführt worden. Daß er mit Friedrichs Fragmenten sich nicht befreunden konnte, ist bereits erwähnt; daß die Lucinde nur seinen Spott herausforderte, ist selbstverständlich[1]. Bei seiner Disputation in Jena machte Friedrich dagegen einen guten Eindruck[2] und an der Inszenierung des Alarcos nahm Schiller, wie gesagt, tätigen Anteil; allerdings fand er, daß Goethe sich durch die Annahme des Stücks kompromittiert habe, die Intention wäre zwar zu loben, aber die Ausführung widerwärtig[3]. In Wilhelms literarischem Reichsanzeiger fand Schiller gute Einfälle, verdachte ihm aber den Ausfall gegen Humboldt[4]. Von seinen Dichtungen lobt er am meisten die Elegie[5], erkennt den Witz der Ehrenpforte an[6], findet im Ion manches Geistreiche und schön Gesagte[7], dagegen hat er den Almanach von Schlegel und Tieck nicht zu Ende lesen können[8]. Seine letzten Urteile über die Brüder hat Schiller in zwei Briefen an Humboldt[9] ausgesprochen. Am 17. Februar 1803 schreibt er: „Die Schlegel- und Tieckische Schule erscheint immer hohler und fratzenhafter, währenddaß sich ihre Antipoden immer platter und erbärmlicher zeigen, und zwischen diesen beiden Formen schwankt nun das Publikum“; endlich am 2. April 1805: „Haben Sie Ihre Bekanntschaft mit Schlegeln nun erneuert und wie stehen Sie mit ihm? Die Welt vernimmt jetzt wenig von diesen beiden Brüdern, aber das Unheil, was sie in jungen und schwachen Köpfen angerichtet, wird sich doch lange fühlen, und die traurige Unfruchtbarkeit und Verkehrtheit, die jetzt in unserer Literatur sich zeigt, ist eine Folge dieses bösen Einflusses“.

---

[1]) Jonas 6, 58. — [2]) Ebenda 6, 256.   [3]) Ebenda 6, 400. — [4]) Ebenda 6, 72. — [5]) Ebenda 6, 72. — [6]) Ebenda 6, 235; kühler 232. — [7]) Ebenda 6, 400. — [8]) Ebenda 6, 324. — [9]) Ebenda 7, 14. 229.

IV.
August Wilhelm Schlegels Vorlesungen und spätere literarische Tätigkeit.

Während Friedrich Schlegel nach dem Eingehen des Athenäums einen Mißerfolg nach dem andern zu verzeichnen hatte, erreichte sein Bruder den Gipfel seiner Laufbahn. Seine Berliner Vorlesungen, die er in den drei Wintern der Jahre 1801—04 gehalten hat, sind das reifste Werk der Romantik. Ein neues Zeitschriftenprojekt: „Kritische Jahrbücher der deutschen Literatur" kam zwar nicht zustande, dafür gelang es Wilhelm, in dem mit Tieck herausgegebenen Musenalmanach auf das Jahr 1802 die neue Schule der Welt gewissermaßen auch als Dichterschule vorzustellen. Der Almanach erschien bei Cotta und konnte als Fortsetzung des Schillerschen gelten; auch Schiller wurde um Beiträge angegangen[1] und war anfangs nicht abgeneigt, etwas beizusteuern[2]. Wilhelm, der früher sichtlich Schillers Art nachzuahmen bemüht war, entfernt sich jetzt auch als Dichter weit von seinem ehemaligen Vorbild. Statt der Balladen dichtet er jetzt Legenden und Hymnen und gefällt sich besonders im Nachbilden kunstreicher Strophenformen. Auch Friedrich versucht sich in Formkünsteleien und mystisch-allegorischen Dichtungen, Tieck ist unter anderm durch eine Romanze[3] vertreten, in der er der Assonanz zu Liebe die Sprache mißhandelt und die daher nicht grausig, sondern lächerlich wirkt. Es ist kein Wunder, daß Schiller von der ganzen Sammlung wenig erbaut war; er hätte es nicht von sich erhalten können, schreibt er an Körner, mehr

---

[1] Briefe an Tieck 3, 239. — [2] Jonas 6, 279. 284. — [3] „Die Zeichen im Walde."

als einige Gedichte aus dem Almanach zu lesen; die Manier
dieser Herren und ihre daraus hervorschimmernde Individualität
sei ihm so ganz und gar zuwider, daß er nicht dabei verweilen könne[1].

Fand der Almanach nur im Kreise der Freunde uneinge-
schränkten Beifall, so errang Wilhelm mit den Vorlesungen
einen vollen Erfolg[2]. Nicht zum wenigsten verdankte er das
seiner geschickten Taktik. „Alles Vernünftige und Gemäßigte“
wollte er in den Vorlesungen anbringen, wie er an Schleiermacher schrieb[3], und im ersten Winter führte er diese Absicht
auch geschickt und umsichtig aus; als er dann seiner Sache
sicher war, wagte er es, sich viel rückhaltloser auszusprechen.
Der Schwerpunkt der Vorlesungen liegt durchaus auf literar-
historischem Gebiet; ja was Schlegel hier vortrug, war eigentlich die erste Literaturgeschichte, die diesen Namen verdiente,
da er es als seine Aufgabe betrachtete, die Dichter aus ihrer
Zeit heraus zu verstehen und nach ihrer Bedeutung zu würdigen.
Im ersten Kursus freilich konnte Schlegel dieses Gebiet nur
in den letzten Stunden streifen; er war der Kunstlehre gewidmet. Aber auch in diesem theoretischen Teil sieht man,
daß sein eigentliches Interesse nicht darauf gerichtet ist, das
Wesen der Kunst zu ergründen oder ihren Wert für die Kultur
zu bestimmen — wie es etwa Kant und Schiller taten —,
sondern daß ihm die Charakteristik und Beurteilung der
einzelnen Kunstwerke am Herzen liegt. Gleich zu Anfang
erklärt Schlegel, er wolle Theorie, Geschichte und Kritik der
schönen Künste soviel als möglich miteinander zu vereinigen
und zu verschmelzen suchen, da sie schlechthin nicht ohne
einander bestehen könnten (17, 3, 5). An den bisherigen Abhandlungen, Kants Kritik der ästhetischen Urteilskraft nicht
ausgenommen, hat er vor allen Dingen die praktische Un-

[1] Jonas 6, 324.

[2] Vgl. die Einleitung zu Minors Ausgabe in den Deutschen Literatur-
denkmalen des 18. und 19. Jh. Bd. 17—19, bes. 17, VIII—XII, und Schriften
der Goethe-Ges. 13, S. 116. 126. Wo ich in dem Abschnitt über diese Vorlesungen nur Band- und Seitenzahl zitiere, ist immer die Minorsche Ausgabe gemeint.

[3] Jonas-Dilthey 3, 289.

fruchtbarkeit zu tadeln (17, 49, 7). Damit hat er vielleicht in gewissem Sinne nicht unrecht, nur übersieht er, daß es Kant auch gar nicht darum zu tun war, ja daß er es ausdrücklich ab-lehnte, Regeln für die Kritik aufzustellen[1]; die Unzulänglich-keit der Theorie nicht nur für den Dichter, sondern auch für den Beurteiler empfand übrigens auch Schiller, als er sich wieder der Dichtung zugewandt hatte[2]. Schlegel will sich hüten, Theorien ohne historisches Fundament in die Luft zu bauen, denen zu lieb nachher das unübersehliche Gebiet der echten Poesie willkürlich verengt werden müsse (17, 266, 4; vgl. 19, 9, 24). Eine tüchtige technische Theorie zieht er einer nichtsnutzigen — und vielleicht nicht bloß einer nichtsnutzigen — philosophischen Theorie weit vor (17, 6, 25)[3] und meint mit Bezug auf die Propyläen, der Regelkram diene zu nichts als räsonierende Schwätzer in der Kunst zu bilden und das Genie mit der Nullität auf gleichem Fuß zu behandeln (17, 229, 14). Als letztes Ziel alles Nachdenkens und Spekulierens über Kunst und Poesie gilt ihm der Genuß derselben, die Erweckung des Sinnes und Schärfung des Urteils dafür (18, 8, 36). Empirisch-technische Regeln werden wir demnach hier in erster Linie zu erwarten haben; auf diesem Gebiet befähigten Schlegel seine umfassenden Kenntnisse der bildenden Künste nicht minder als der Literatur, sein Eigenstes und Bestes zu geben.

Doch ohne eine philosophische Kunstlehre meint auch der Empiriker nicht auskommen zu können (17, 7, 25). Er durch-mustert die bisherigen Leistungen auf dem Gebiet der Ästhetik und verwirft die einseitig-rationalen und die einseitig-empi-rischen Systeme (Baumgarten und Burke), die der sinnlich-geistigen Natur des Schönen nicht gerecht würden (17, 54, 37). Richtig erkennt er, daß diese Einseitigkeiten zuerst durch Kant überwunden sind, oder vielmehr, wie er hinzufügt, durch den auf Grund der Kantschen Lehre konsequent durchgeführten transszendentalen Idealismus (17, 55, 29; 18, 92, 3. 14). Denn auch Kant, gegen den er die Waffen des geschmackvollen Kenners wendet, befriedigt ihn nicht; er fixiere die Absonderungen des Verstandes als unübersteiglich und setze da ursprüngliche

---

[1]) Urteilskraft § 34. 44. — [2]) Jonas 5, 394. — [3]) Vgl. Böcking 12, 152. 252.

Trennung, wo keine sei, sondern vielmehr Einheit (17, 79, 15).
Mit vollem Recht sagt Haym (S. 773), man erwarte, daß nun
Schiller erwähnt würde, dem dieser (angebliche) Mangel Kants
nicht vorzuwerfen sei[1]. In Schiller waren ja auch der Poet
und Philosoph in einer Person vereinigt und in der einst von
Schlegel enthusiastisch begrüßten Abhandlung über naive und
sentimentalische Dichtung hatte er auch beständig von der
Theorie auf die dichterische Praxis hinübergeblickt. Obwohl
sich nun in Schlegels Theorie mannigfache Berührungspunkte
mit der Schillerschen finden, ja obwohl sich Schlegel, wie
sich zeigen wird, mehr als einmal direkt an Schiller anlehnt,
wird sein Name an dieser Stelle gar nicht und auch sonst nur
ganz beiläufig genannt. Zweimal werden Schillersche Bonmots
zitiert (17, 299, 19; 18, 389, 15), zweimal wird auf den Inhalt
Schillerscher Gedichte Bezug genommen (17, 127, 4. 355, 24);
die Wortspiele der Kapuzinerpredigt werden erwähnt (17, 329, 6),
gegen die Matthisson-Rezension wird polemisiert (18, 315, 17)
und das „schlimme Beispiel" der Schillerschen Jugenddramen
verurteilt (18, 390, 34. 392, 29)[2]; nur an einer Stelle heißt es
lobend, doch wohl mit Bezug auf die Schlußabschnitte des
Aufsatzes über naive und sentimentalische Dichtung: „Schillers
treffender Ausdruck: Realismus" (18, 386, 1). An anderen
Stellen, wo man Schillers Namen zu hören erwartet, fehlt er;
Schlegel nennt ihn weder bei dem Überblick über die
dramatische Literatur der Gegenwart (18, 23 ff.), noch wo er
die Aussichten für die Zukunft erörtert und auf Klopstock.
Bürger, Goethe hinweist (18, 93 f.), nicht einmal da, wo er die
deutschen Lehrgedichte mustert (18, 311 ff.); und doch verdankt
er seinen Begriff vom wahren, aus der Begeisterung geborenen
Lehrgedicht (18, 292, 14; 19, 63, 7) seiner Analyse der Schillerschen Künstler[3]. Es liegt also System darin, wenn Schiller nach
Möglichkeit totgeschwiegen wird.

Nicht Schiller also wird Schlegels Gewährsmann für die
philosophische Begründung der Ästhetik, sondern Schelling,
dessen Lehren ja auch Friedrich akzeptiert hatte. Was sein
System mehr als das Schillersche empfehlen mußte, das war

---

[1] Vgl. Schiller 8, 94, 11; Jonas 5, 340. — [2] Vgl. Böcking 2, 203. —
[3] Böcking 7, 4 ff.

gewiß die unvergleichliche Stellung, die hier der Kunst zugewiesen wurde. Keinem Satz der Kant-Schillerschen Ästhetik
hatte Wilhelm so rückhaltlos zugestimmt, wie der Lehre von der
Autonomie des Schönen (17, 10, 27; s. o. S. 49); auch hier rühmt
er, daß Kant die Unabhängigkeit der Kunst von fremden Gesetzgebungen behauptete (18, 92, 9), und ist überzeugt, daß die
Kunst „einen unendlichen, nach keinem bedingten Zweck abzumessenden Wert habe" (18, 12, 29). Er verficht die Unabhängigkeit des Schönen vom Intellektuellen und Sittlichen (17, 57, 30)
und lehnt die Forderung „moralischer oder anderweitiger
Belehrung" ab (18, 38, 11). Von dieser Grundlage aus aber
war die Romantik trotz der Warnungen Schillers dazu fortgeschritten, die Wissenschaft und Sittlichkeit zu ästhetisieren.
Wie sollte eine solche Anschauungsweise einem Mann mit so
vorwiegend ästhetischen Interessen, wie Wilhelm Schlegel es
war, nicht imponieren? Obwohl er einsah, „die Kunst sei nicht
anders zu retten, als daß sie auf alle Ansprüche jenseit ihrer
Grenzen, auf dem Gebiete der Wahrheit und Sittlichkeit, Verzicht leistet, innerhalb derselben sich aber als unabhängig
behauptet" (17, 41, 5), hat er sich persönlich nach diesem trefflichen, dem Geist der klassischen Ästhetik völlig entsprechenden Grundsatz leider nicht gerichtet.

Am 9. Juni 1800 schreibt Wilhelm Schlegel an Schleiermacher: „Die echten Physiker seh ich im Geiste schon alle
zu uns übergehen. Es ist doch wirklich etwas Ansteckendes
und Epidemisches dabei; der Depoetisationsprozeß hat freilich
lange genug gedauert, es ist einmal Zeit, daß Luft, Feuer,
Wasser, Erde wieder poetisiert werden"[1]. Diese Poetisierung
der Natur war nun nirgends so vollkommen vollzogen worden,
wie in Schellings Lehre, und um so eher läßt sich Schlegel von
diesem auf die Irrwege der Naturphilosophie verlocken (17, XII),
je weniger ihm hier eigene Sachkenntnis zu Gebote steht.
Er, der Empiriker, fängt an, auf gut Schellingisch über empirische Psychologie zu lächeln (17, 51, 31), und schilt, daß man
die Philosophie auf Erfahrung zurückführen wolle, „da doch
echte Spekulation es mit einem absoluten Wissen zu tun hat"
(18, 50, 20). Er redet der Astrologie und Magie das Wort

---

[1] Jonas-Dilthey 3, 182.

(18, 61 f.), führt die Völkerwanderung auf „elementarische und siderische Kräfte" zurück und meint: „Wenn wir erst wissen, was damals im Innern der Erde und im Luftkreise vorgegangen, dann werden wir vielleicht einsehen, warum die Völkerwanderung geschehen mußte" (19, 87, 31. 88, 4). Er befürwortet die Vereinigung von Physik und Theologie (19, 195, 3), versenkt sich in eine Zahlenmystik (19, 197, 30) und gefällt sich nach dem Muster von Baader und Schelling[1] in weit ausgesponnenen Vergleichen von Religion, Sittlichkeit, Wissenschaft und Kunst mit den vier Weltgegenden (18, 47, 34). Wohl mag sich hier ebenso wie in den Ausführungen über die nachteiligen Folgen der Buchdruckerkunst, des Schießpulvers, der Entdeckungen, der Reformation (18, 78 ff.) — wohl mag sich in derartigen paradoxen Ideen die alte Lust regen, die „Aufgeklärten" vor den Kopf zu stoßen; es ist aber nirgends eine feste Grenze zwischen Spaß und Ernst zu erkennen, weil eben Schlegel selbst den festen Boden unter den Füßen verloren hat. Das mag noch eine Stelle bezeugen: „Man kann sagen", meint er, „daß in dem Geiste echter Dichtungen alle Wahrheit beschlossen liegt. Denn die verstandesgemäße Kenntnis und Beschreibung der Welt ist keine Darstellung mehr, keine Ansicht aus dem Ganzen des menschlichen Gemüts, sondern vermittelst einer vereinzelten Kraft desselben, mit möglichstem Abzug derjenigen, welche allein Realität verleiht, der Phantasie" (17, 330, 32). Das sind die Folgen jener Lehre, die das Dichtungsvermögen als höchste Steigerung der Einbildungskraft des bewußtlos produzierenden Ich ansieht (17, 329, 26 ff.; 18, 84, 11)[2].

Daß Wilhelm von der neuen Ethik der Lucinde nichts wissen wollte, ist bereits ausgesprochen. Auch in den Vorlesungen bewährt er meist ein gesundes sittliches Empfinden. Wohl preist er etwas überschwänglich die „romantisierte Sittlichkeit" des Mittelalters (18, 74, 11; 19, 105 ff.) und bekämpft die Moral der Aufklärung, die ohne irgend eine Ausnahme für „besondre Naturen" gelten zu lassen, alle gleichermaßen in das Joch gewisser bürgerlicher Pflichten spanne (18, 73, 23). Er weiß aber

---

[1] Vgl. Haym S. 792. — [2] Ebd. S. 647. 781 f.

auch die „strengere Sittlichkeit und biedere Rechtlichkeit" der Deutschen gegenüber den Römern zu schätzen (19, 36, 31)[1] und erklärt — prinzipiell wenigstens — die Ehe für ein heiliges Band (19, 249, 19). Wiederholt beschäftigt ihn auch das Verhältnis von Sittlichkeit und Kunst. Die künstlerische Sittlichkeit besteht nach ihm darin, „daß man in der Poesie durch nichts andres gefallen will, als durch das eigne Wesen dieser Kunst" (19, 81, 34), und er verurteilt Voltaire und Crébillon, weil sie durch ganz heterogene Dinge auf den Leser wirken wollten, nämlich durch Angriffe auf Religion und Sittlichkeit und durch ausschweifend lüsterne Schilderungen; das heiße die Poesie zur Kupplerin des Lasters machen. Deshalb seien jedoch auch sehr ausgelassene und glühende Darstellungen von der Poesie nicht ausgeschlossen, es komme nur darauf an, daß ein höherer künstlerischer Zweck sie rechtfertige. Hier steht Schlegel völlig auf demselben Boden wie Schiller, der z. B. in einem Brief an Goethe[2] hervorhebt, wie der poetische Geist alles Gemeine der Wirklichkeit so schnell und so glücklich unter sich bringe und durch einen einzigen Schwung, den er sich selbst gebe, aus diesen Banden heraus sei[3]. Und als Jacobi einmal Bemerkungen über die Unsittlichkeit des Wilhelm Meister gemacht hatte, wies Schiller Beurteilungen, denen etwas anderes näher liege als innere Notwendigkeit und Wahrheit, scharf zurück und fügte hinzu: „Könnte er Ihnen" — der Brief ist an Goethe gerichtet — „zeigen, daß die Unsittlichkeit Ihrer Gemälde nicht aus der Natur des Objekts fließt, und daß die Art, wie Sie dasselbe behandeln, nur von Ihrem Subjekt sich herschreibt, so würden Sie allerdings dafür verantwortlich sein, aber nicht deswegen, weil Sie vor dem moralischen, sondern weil Sie vor dem ästhetischen Forum fehlten"[4]. Daneben fällt es nicht ins Gewicht, daß Schlegel und Schiller in der Anwendung dieser Grundsätze zuweilen auseinandergehen, so besonders in der Beurteilung Wielands, der von Schiller recht glimpflich behandelt wird (8, 367 Anm. 347, 23), während Schlegel hier die lange geplante Annihilation an ihm vollzieht (19, 80 ff. 250, 11).

---

[1]) Vgl. Haym 851. — [2]) Jonas 5, 128. — [3]) Vgl. Schiller 8, 364 ff. 436, 4 und Harnack, Klass. Ästh. S. 89 f. — [4]) Jonas 4, 138.

Sehr eigentümlich gestaltet sich das Verhältnis der eigentlichen Kunstlehre Schlegels zu der Schillers. Hält man sich an die ausdrücklichen Bekenntnisse Schlegels, so sollte man meinen, daß Schelling hier sein einziger Lehrmeister ist; in der Tat hat Schlegel auf diesem Gebiet ihm viel weniger zu verdanken als Schiller, ja, was er der Schellingschen Lehre entnimmt, sind hauptsächlich die Punkte, in denen dieser von Kant und Schiller abhängig ist. Nur für die Verwirrung der Grenzen von Kunst und Wissenschaft sind Schelling und Friedrich Schlegel verantwortlich zu machen. An der Stelle, wo Wilhelm die Schellingsche Lehre reproduziert, nennt er die Kunst die Auflösung eines unendlichen Widerspruchs im Menschen, die Wiedervereinigung der entzweiten Strebungen des menschlichen Geistes in letzter Instanz (17, 90, 2); er führt ferner die Definition Schellings an, das Unendliche, endlich dargestellt, sei Schönheit, oder schlägt vielmehr dafür die Formel vor, das Schöne sei eine symbolische Darstellung des Unendlichen (17, 90, 20. 24). Hatte Friedrich gerade diese Beziehung auf das Unendliche betont und ihm eine mystische Bedeutung gegeben, so tritt der Gedanke bei Wilhelm fast ganz zurück. „In der Erscheinung der Harmonie unserer gedoppelten geistigen und sinnlichen Natur" besteht für ihn das Schöne (17, 245, 8)[1]. Das ist nicht nur dem Sinne nach Schillerisch, sondern auch der Ausdruck: „Die Schönheit ist das Produkt der Zusammenstimmung zwischen dem Geist und den Sinnen" begegnet bei Schiller (8, 390, 29). Noch viel prägnanter aber wird die Schillersche Zentralidee, nach der das Schöne als Idee der Menschheit gefaßt wird (8, 217, 24), wiedergegeben, wenn Schlegel sagt, das Gemüt strebe mit einer unsterblichen Sehnsucht zur Poesie und Kunst, „um hier seine eigne Verklärung zu erblicken, die Idee seiner selbst wiederzufinden und sich unter mangelhaften und zerstückelten Bestrebungen in der Wirklichkeit durch das Bild ihrer gelungensten harmonischen Vollendung zu stärken und aufzuheitern" (19, 4, 31). Nicht minder im Sinne Schillers ist der Satz: „Das Streben nach dem Schönen will uns jenseits des Sündenfalles zurückführen, gleichsam den Stand der

---

[1] Ebenso oder ähnlich auch 17, 39, 26. 249, 29; 19, 120, 31.

Unschuld, d. i. der vollkommnen Einheit des innern und äußern Menschen in seinem spielenden Scheine wiederherstellen" (17, 86, 23).

Mit Schiller einig ist Schlegel auch in der Ablehnung einer auf „Täuschung" ausgehenden Kunst. Er weiß den „spielenden Schein, welchen die echte Kunst sucht, und welchem sich das bezauberte Gemüt freiwillig hingibt, wiewohl es sich der Fiktion sehr gut bewußt ist," von dem materiellen Irrtum wohl zu unterscheiden (17, 96, 12), und er weiß auch, daß die künstlerische Phantasie für ihre Produkte keine Ansprüche auf Wirklichkeit macht und ihrer nicht bedarf (17, 329, 34)[1]. Von einem gebildeten Sinn verlangt Schlegel, daß er „bei dem Schein verweilend zugleich die Bedeutung desselben auf das bestimmteste erkennt" (17, 184, 29; vgl. 232, 16). Von diesem Standpunkt aus geißelt er die ungehörige Vermischung von Natur und Kunst an einem berühmten schweizerischen Grabdenkmal, an dem sich die Verstorbenen, die als auferstehend gedacht sind, durch die Öffnung des zerborstenen Grabsteins drängen (17, 159, 22); von diesem Standpunkt aus verurteilt er die transparenten Mondscheinlandschaften (17, 212, 21). Schlegel ist in diesem Punkt ebenso den bereits in der Jenaischen Literaturzeitung vorgetragenen Anschauungen (s. o. S. 50) treugeblieben, wie in der Vorliebe für Phantasiespiele. Er erfreut sich an der Tollheit phantastischer Erfindungen (19, 129, 26), spricht von einem Phantasieren des Phantasierens (19, 228, 22) und dekretiert, daß die Poesie nicht zu phantastisch sein könne (19, 74, 30). Und die Rechtfertigung für diese Neigung findet er in dem Schellingschen Gedanken, „daß die Phantasie, wodurch uns erst die Welt entsteht, und die, wodurch Kunstwerke gebildet werden, dieselbe Kraft ist" (18, 84, 11); deshalb könne in der Phantasie keine Zügellosigkeit stattfinden, sie sei zugleich unbedingt frei und gesetzmäßig. So sehr also Schlegel — das sei noch einmal betont — in der Ablehnung des Naturalismus mit Schiller Hand in Hand geht, so sehr widerstreitet seine Vorliebe für Phantastik den Schillerschen Grundsätzen. Die Lehre von der Ironie dagegen hat er sich hier so wenig wie im Athenäum in vollem

---

[1] Vgl. Schiller 8, 270, 32; 5, 172, 33.

Umfang angeeignet; das Wort kommt zwar mehrfach vor (19, 52, 23. 58, 30. 205, 21; am meisten in Friedrichs Sinn 19, 109, 27), doch ohne daß ein besonderer Nachdruck darauf gelegt würde. Wohl aber geht Wilhelm in einer anderen Liebhaberei über Schiller hinaus, obwohl auch diese schließlich auf den ihnen gemeinsamen idealistischen Grundprinzipien beruht: in der übertriebenen Wertschätzung der äußeren, metrischen Form. Früher als Schiller hat er sich von der Notwendigkeit des Silbenmaßes überzeugt und spricht diese Anschauung auch in den Vorlesungen aus (17, 117, 29). Wenn er die Bedeutung des Sonetts, der Kanzone und Sestine entwickelt (19, 207ff.), zeigt er, wie zu erwarten, ein feines Verständnis, läßt sich aber doch zu überkünstlichen und übersinnreichen Konstruktionen und Zahlenspielereien verleiten. Noch charakteristischer für den Formkünstler ist es, wie er ein Gedicht von Voß in Galliamben, „fast ohne Inhalt und eigentlich bloß ein gelehrtes Studium", deswegen rühmt, weil es durch die wilden, beflügelten Rhythmen zu ungewöhnlicher Begeisterung hinreiße (18, 239, 25).

Die Besprechung der antiken Tragödie und Komödie gibt Schlegel Gelegenheit, sich über die beiden wichtigsten Unterarten des Schönen, das Tragische und das Komische, zu äußern. Die Ursache, warum die tragische Darstellung auch das Herbeste nicht scheuen darf, findet er darin, „daß eine geistige und unsichtbare Kraft nur durch den Widerstand gemessen werden kann, welchen sie einer äußerlichen und sinnlich zu ermessenden Gewalt leistet. Die Freiheit des Menschen kann sich daher nur im Widerstreit mit den sinnlichen Trieben offenbaren" (18, 320, 10). Schlegel verweist ausdrücklich auf Kants Lehre vom Erhabenen, der nichts fehle als eine bestimmtere Rücksicht auf die antike Tragödie. Die Anwendung der Kantschen Lehre auf die Tragödie hätte er wieder bei Schiller finden können, an den mit keinem Wort erinnert wird. Der Anfang des Aufsatzes „Über das Pathetische" — 1801 in den Kleinen Schriften neugedruckt — führt aus, wie die tragische Kunst die moralische Independenz von Naturgesetzen im Zustand des Affekts versinnliche. „Nur der Widerstand, den es gegen die Gewalt der Gefühle äußert, macht das freie Prinzip in uns kenntlich; der Widerstand aber kann nur nach der Stärke des Angriffs geschätzt werden" (8, 119, 8).

Ebenso heißt es in der Abhandlung „Über das Erhabene": „Wir fühlen uns frei beim Erhabenen, weil die sinnlichen Triebe auf die Gesetzgebung der Vernunft keinen Einfluß haben" (8, 422, 28). Angesichts dieser Übereinstimmungen zwischen Schiller und Schlegel ist es schwer, an ein zufälliges Zusammentreffen zu glauben, wenn auch § 28 der Kritik der Urteilskraft für beide den gemeinsamen Ausgangspunkt bildet.

Selbständiger ist Wilhelm Schlegel in seiner Erklärung des Komischen, von der sich die wesentlichen Züge schon in seiner Parny-Rezension finden. Er folgt hier dem Aristophanes-Aufsatz seines Bruders, wenn er etwa die Komödie einen Erguß spielender Lebensfreude nennt, wenn er in ihr die Begeisterung des Scherzes, schönen Mutwillen in göttlicher Freiheit schwärmend findet[1]. In seinen weiteren Ausführungen aber ist er nur zum Teil von Friedrich (1, 43, 5) abhängig. Der Komiker soll nach ihm den Menschen ins Schlechte idealisieren, dem tierischen Teil über den vernünftigen die Oberhand geben; dabei wird dann „jener verwünschte Naturtrieb sehr laut werden, der so oft alle Vorkehrungen der Vernunft zu Schanden macht"; der Gegensatz gegen sittliche Begriffe, die Abhängigkeit des sich frei dünkenden Menschen vom Naturtrieb werden endlich als charakteristisch hervorgehoben[2]. Das Komische würde demnach auf dem Gegensatz von Ideal und Wirklichkeit beruhen. Nach den Berliner Vorlesungen steht die Komödie auf derselben Höhe wie die Tragödie, „und kann ebensowohl durch scheinbare und sich selbst wieder aufhebende Vernichtung das höchste im menschlichen Gemüte, die unbedingte Freiheit, zur Anschauung bringen" (18, 378, 33)[3]. „Das höchste im menschlichen Gemüte, die unbedingte Freiheit," wird scheinbar vernichtet, wenn der komische Dichter den Menschen „ins Schlechte idealisiert", ihn in seiner Abhängigkeit vom Naturtrieb zeigt; inwiefern aber ist die Vernichtung nur scheinbar, inwiefern hebt sie sich selbst auf? Eben dadurch, daß die Darstellung des von den Naturtrieben beherrschten Menschen nur komisch wirkt im Hinblick

---

[1]) Böcking 12, 100 f. — [2]) Ebenda S. 103.

[3]) Der Satz, der nur in einer Kopie überliefert ist, fehlt an der entsprechenden Stelle der Wiener Vorlesungen; dennoch finde ich keinen Grund, die Überlieferung anzuzweifeln.

auf das ganz anders geartete Ideal, daß also dieses indirekt doch auch anerkannt wird. Geschieht dieses nicht, wird es so dargestellt, „als ob die sinnliche Leidenschaft der Mittelpunkt alles menschlichen Handelns wäre und jeder in Gedanken beständig ausschweifte“ — so können wir mit Benutzung einer anderen Stelle (19, 82, 11. 20) hinzufügen —, so ist der Eindruck überhaupt kein künstlerischer mehr. Dieser Nachweis, wie nicht nur dem Tragischen, sondern auch dem Komischen eine wenn auch versteckte Beziehung auf das Ideal zugrunde liegt, entspricht durchaus der Meinung Schillers. Dieser hatte das Tragische und Komische als Unterarten der satirischen, d. h. derjenigen Gattung bezeichnet, die den Widerspruch der Wirklichkeit mit dem Ideale zum Gegenstand hat (8, 341, 11); ohne Beziehung auf das Ideal würde der Dichter gar nicht poetisch wirken (8, 342, 6). Vom Komiker insbesondere fordert Schiller, daß sich bei gewissen Anlässen der hohe Ernst offenbaren müsse, „der allem Spiel, wenn es poetisch sein soll, zugrunde liegen muß“ (8, 347, 10), und rühmt, daß bei Aristophanes durch den boshaften Scherz eine ernste Vernunft hervorblicke, die für ein Ideal streite, das sie nur nicht immer ausspreche (8, 347, 12). Aus dem Gegensatz von Ideal und Wirklichkeit geht also nach Schiller die „strafende“ sowohl wie die „scherzhafte“ Satire hervor; ihr Unterschied beruht darauf, daß jene im Gebiet des Willens, diese im Gebiet des Verstandes verweilt (8, 341, 15). Der Komödiendichter muß also einen moralisch gleichgiltigen Stoff behandeln (8, 343, 34) oder die moralische Tendenz seines Stoffes durch die Behandlung zu überwinden verstehen (13, 407, 24); wie das geschieht, wird an anderer Stelle genauer ausgeführt: „Behandelt die Komödie etwas, was unser moralisches Gefühl interessiert, so liegt ihr ob, es zu neutralisieren, d. i. es in die Klasse natürlicher Dinge zu versetzen, welche nach der Kausalität notwendig erfolgen“ (13, 157, 1) [1]. Dieser Schillerschen Auffassung entsprechen in allen wesentlichen Punkten Schlegels Notizen: „Entfernung des moralischen Gesichtspunkts bei der Komödie. Mit welchem Recht moralische Belehrung von ihr

---

[1] Diese letzte Stelle gehört zu Aufzeichnungen, die erst aus Schillers Nachlaß veröffentlicht sind (1871), die Schlegel also nicht bekannt waren.

gefordert. Sentenzen der alten Komiker Erfahrungen. Also nicht moralisch. Moral durch das Medium des Verstandes sehr unmoralisch. Vorwurf der Immoralität. — Weltlauf, wie er ist, nicht erbaulich. Wird auch nicht zum Muster der Nachahmung vorgestellt. Um sittliche Prinzipe nicht verkehrt anzubringen, muß man die Welt kennen. Klüger machen ist die Moralität der Komödie . . ." (18, 386, 21) [1]. Darauf, daß der Komödiendichter den Verstand beschäftigt, beruht es nun auch, daß er den Menschen in seiner Abhängigkeit von den Naturtrieben schildert (18, 380, 18); denn der Verstand kennt den Menschen nur als Naturwesen. Das tritt bei Schlegel nicht ganz klar hervor. Überhaupt zeigt er sich hier wie überall als guter Beobachter, aber eben weil er von der Beobachtung ausgeht, fehlt es seiner Darstellung nicht selten an Übersichtlichkeit und Zusammenhang. Von Schlegels weiteren Ausführungen hebe ich nur noch weniges hervor. Wie früher betont er die Willkür des erfinderischen Witzes und die kecke Phantastik (18, 381, 32) und stellt der neuern Komödie, in der bei allen darin angebrachten Scherzen die Form der Darstellung selbst ernsthaft sei, die alte gegenüber, in der das Ganze des Kunstwerks ein einziger großer Scherz sei (18, 379, 31). Auch hierzu lassen sich Parallelen aus Schiller anführen. Auch nach ihm herrscht in der Komödie — ihrer theoretischen Behandlungsweise gemäß — mehr Zufall als Schicksal (8, 346, 7) und auch er beklagt, daß die reine Komödie, das lustige Lustspiel bei den Deutschen durch das sentimentalische verdrängt sei (13, 407, 14) [2]. Schließlich faßt Schlegel zusammen: „Wie die Tragödie durch schmerzliche Empfindungen zu der würdigsten Ansicht des Lebens und der Menschheit, ruft diese [die Komödie] aus einer durchaus spottenden und erniedrigenden Betrachtungsart aller Dinge die mutwilligste Fröhlichkeit hervor" (18, 382, 26) [3]. Wie es möglich ist, daß eine „erniedrigende Betrachtungsart" Fröhlichkeit hervorrufen kann, sagt uns Schlegel nicht; aber auch bei Schiller ist die Frage, worauf sich die Lust am Komischen gründet,

---

[1]) Vgl. Böcking 5, 230 ff. — [2]) Vgl. Minor 1, 11, 4 und oben S. 31.

[3]) Vgl. Schiller 8, 345, 4; 13, 157, 31. 407, 20, wo der Gemütszustand, in den uns die Komödie versetzt, als geistreiche Heiterkeit und Freiheit des Gemüts bezeichnet wird.

unbeantwortet geblieben. Im ganzen finden sich also auch in der Theorie des Komischen mannigfache Berührungspunkte zwischen Schiller und Schlegel, ohne daß ein Abhängigkeitsverhältnis angenommen werden müßte.

Berührungspunkte finden sich endlich auch in vielen Einzelheiten, von denen einige vor Besprechung der literarhistorischen Urteile noch erwähnt seien. Auch hier ist es vielfach unmöglich festzustellen, wo bewußte Abhängigkeit, wo unbewußte Reminiszenz, wo ein zufälliges Zusammentreffen vorliegt. Wie Schiller (13, 378, 23) leitet Schlegel die Vorliebe für englische Gärten aus der Abneigung her, der lebendig vegetierenden Natur Zwang anzutun (17, 209, 5); während aber Schiller für einen Mittelweg zwischen französischem und englischem Geschmack eintritt (13, 381, 21), verwirft Schlegel die englischen Gärten, weil sie einem falschen Natürlichkeitsprinzip und einer empfindsamen Ansicht der Kultur ihren Ursprung verdanken (17, 210, 13. 20). Es ist recht bezeichnend, daß er in den Wiener Vorlesungen ein diesem diametral entgegengesetztes Urteil abgibt[1]. Mit Schiller (13, 366, 20) bezeichnet er die Landschaft als den musikalischen Teil der Malerei (17, 203, 15; 18, 315, 25); an der zweiten Stelle zitiert er zwar Schiller, meint aber, es sei nicht schwer gewesen, auf diesen Satz zu kommen, da das eine anerkannte Wahrheit sei. Genau im Sinn der ästhetischen Briefe (8, 205, 17 ff.) unterscheidet Schlegel „Person" und „Zustand" (17, 274, 35; vgl. 18, 45, 27), er spricht wie Schiller von einer strafenden Poesie (18, 246, 5. 10) und meint wie dieser, daß man die Nationen nach ihren Spielen charakterisieren könne (19, 102, 22)[2] usw. Nur noch zwei Punkte seien hervorgehoben. Schlegel verwirft jetzt seine Briefe über Poesie, Silbenmaß und Sprache mit denselben Gründen, die einst Schiller gegen sie vorgebracht hatte (s. o. S. 42. 44), und hält an der von Schiller brieflich gegebenen Definition, der Rhythmus sei das Beharrliche im Wechsel, fest (17, 244, 19. 315, 34; 18, 236, 24). Dem Aufsatz über Anmut und Würde endlich verdankt er die Unterscheidung der Schönheiten des Baues und des Ausdrucks (17, 80, 17. 144, 32); natürlich wird Schiller nicht genannt und doch können wir hier mit ziemlicher Sicher-

----

[1]) Böcking 6, 61. — [2]) Vgl. Schiller 8, 224 Anm.

heit sagen, daß Schlegel sich seiner Abhängigkeit bewußt war, nennt er doch an der entsprechenden Stelle der Vorlesungen von 1827 Schiller als seinen Gewährsmann (17, XLV).

In seinen literarhistorischen Urteilen verhält sich Schlegel meist polemisch gegen Schiller, besonders gegen die einst von ihm so enthusiastisch begrüßte Abhandlung „Über naive und sentimentalische Dichtung“. Und doch erklärt er z. B. wie dieser (8, 338, 1): „Der verschiedne Geist beider [der antiken und modernen Poesie], ja der zwischen ihnen obwaltende Gegensatz, und wie man deswegen bei ihrer Beurteilung von anders modifizierten Prinzipien ausgehen müsse, um jede ohne Beeinträchtigung der andern anzuerkennen: dies ist einer von den Hauptpunkten, den (andre Schriftsteller nicht zu erwähnen) mein Bruder und ich in unsern kritischen Schriften von verschiednen Seiten her ins Licht zu setzen gesucht haben“ (19, 6, 29). Ob er bei den „andern Schriftstellern“ an Schiller denkt? Daß er dessen Schriften nicht vergessen hat, zeigt sich an mehr als einer Stelle. „Der Grieche“, sagt Schlegel, „war innerhalb der Natur in vollkommner Eintracht mit sich selbst, der Kampf begann also erst jenseits und um desto furchtbarer“ (17, 349, 30. 347, 24); genau wie Schiller (8, 377, 4) meint er, in der modernen Bildung liege eine höhere Anforderung, die aber eben deswegen unvollkommner zur Darstellung gebracht sei (19, 110, 6) und hebt wie jener das Objektive der Alten hervor, während bei den Neuern die Richtung im allgemeinen mehr auf das Subjektive und Ideale gehe (19, 224, 16. 34). Hier hätte Schiller billigerweise wohl genannt werden müssen, wenn sich auch Schlegel im einzelnen oft den Ausführungen seines Bruders anzuschließen gedachte. Wie dieser[1] bezeichnet er strenge Sonderung des Ungleichartigen und Verknüpfung des Gleichartigen als das doppelte Entwicklungsgesetz der griechischen Kunst (18, 102, 7), während er der modernen einen Hang zu unauflöslichen Mischungen zuschreibt[2]. Die Grenzen von Kunst und Natur (18, 385, 22), der verschiedenen Künste (17, 153, 24. 157, 10), der Dichtarten (17, 356, 26) werden von den Alten gewahrt, von den Modernen

---

[1] Minor 1, 166, 15; vgl. 89, 7. 102, 33. — [2] Böcking 12, 149.

vernachlässigt; auch die Verschmelzung von Scherz und Ernst wird als romantisch bezeichnet (18, 36, 33). Im einzelnen muß Schlegel seine Behauptungen mehrfach einschränken: bei Aeschylos findet er eine „Präponderanz des Lyrischen" (18, 339, 15), Euripides erlaubt sich sonst unerhörte Mischungen (18, 358, 14) und Vergil geht über die Grenzen der Gattung hinaus (18, 179, 4). Nicht recht klar ist, ob in der Anerkennung der Mischungen ein Werturteil liegen soll. Einmal weist er auf epische Bestandteile in Shakespeares Heinrich V. hin und erklärt, das sei im Romantischen, das nicht nach reiner Sonderung der Gattungen strebe, keineswegs fehlerhaft (17, 362, 29); an anderer Stelle jedoch hält er wie Schiller (8, 345 Anm.) an Lessings Grundsatz fest, daß jede Kunst das zu leisten streben soll, was sie vorzugsweise oder ausschließend vermag (17, 125, 20) und es scheint ihm nachteilig, die Gattungen auf unerlaubte Art durcheinanderzumischen (18, 163, 3). — An mehreren Stellen scheint Schlegel für seinen Bruder gegen Schiller einzutreten. So, wenn er eine Dichtung von Properz allen denen empfiehlt, „welche über den Mangel an Schilderungen reiner und keuscher Weiblichkeit in den Werken der Alten klagen"[1]; freilich wird das Gewicht dieses Hinweises sehr herabgemindert, wenn Schlegel an einer andern Stelle ausspricht, daß dem weiblichen Geschlecht in der antiken Poesie immer Unrecht geschehe (19, 229, 18). Gegen Xenion 832 könnte sich die Zurückweisung des Vorwurfs richten, den der Künstler dem Beurteiler mache: „Du kannst es ja doch nicht besser machen" (17, 29, 5), gegen Xenion 840 die Rechtfertigung des herben Schlusses im König Ödipus (18, 346, 10)[2]. Auch die häufigen Ausfälle gegen die „Sentimentalen" wird man zum Teil auf Schiller beziehen dürfen (17, 49, 31; 18, 94, 10. 316, 8. 344, 8). Aber verhalte es sich mit solchen versteckten Anspielungen, wie es wolle, an einer Stelle wenigstens (18, 375 f.) führt Schlegel einen Hauptstreich gegen Schillers Einteilung der Dichtung in eine naive und eine sentimentalische. Er verwahrt sich zunächst dagegen, daß das Streben nach dem Romantischen, das er in manchen alten Dichtern (Euripides, Ovid) findet, mit dem Sentimentalen identisch sei,

---

[1] 18, 285, 5; vgl. Schiller 8, 380, 22, Jonas 4, 355. — [2] Vgl. oben S. 76.

„welches philosophische Theoretiker unter dem herrschenden
Naiven in einigen alten Dichtern haben finden wollen“. Und
doch hatte Friedrich[1] und durch ihn wohl Wilhelm zuerst
aus Schillers Abhandlung gelernt, Keime der sentimentalen
Poesie bei den Dichtern des späten Altertums zu finden. Mehr
recht hat er, wenn er dann fortfährt: „Überhaupt reicht man
mit dieser Einteilung in der Geschichte der Poesie nicht weit:
es sind Verhältnisbegriffe aus dem subjektiven Standpunkte
der Sentimentalität, die außerdem keine Realität haben: denn
für wen ist denn das sogenannte Naive naiv, außer für den
Sentimentalen? Die Stimmung des letzten aber rührt aus
einem subjektiven und gar nicht in die Kunst hineingehörenden
Interesse her, welches durch Phantasie erst wieder in ein freies
Spiel verwandelt werden muß“[2]. Der Gegensatz des Naiven
und Sentimentalen ist in der Tat mehr aus philosophischer
Spekulation als aus historischer Betrachtung erwachsen und
tritt in der Wirklichkeit nie rein auf, so daß sich in der
Anwendung manche Schwierigkeiten ergeben. Aber auch Schiller
hatte sich dem ja nicht verschlossen, daß der Unterschied mehr
ein Unterschied der Manier als der Zeit ist. Und die Bedeutung
der Schillerschen Abhandlung wird in ihrem Kern dadurch
nicht berührt, wenn eine bessere geschichtliche Kenntnis einzelne
seiner Urteile verwerfen muß. Sie bleibt doch der tiefste Ausdruck dessen, was das 18. Jahrhundert bei den Alten suchte,
der erste Versuch, alte und neue Dichtung in ihrer Eigenart
zu erfassen, und eine glänzende Charakteristik zweier Dichter-
typen[3]. Schlegel mag recht haben, wenn er die zu einseitige
Auffassung Homers als eines bloßen „Natursängers“ bekämpft
(18, 119, 1. 132, 35; 19, 161, 4), und zum Teil auch, wenn er den
zitierten Ausfall gegen Schiller mit den Worten schließt: „Den
Shakespeare aber, der ein Abgrund von Absichtlichkeit, Selbst-
bewußtsein und Reflexion ist, für einen naiven Dichter, den
materiellen, sinnlichen Ariost für einen sentimentalen zu erklären, scheint eine große Naivität zu sein“[4]. Es ist aber

---

[1]) Minor 1, 80, 4; vgl. oben S. 25 u. 57 und Haym S. 802 f.
[2]) Vgl. dazu Minor 1, 81, 2. 82, 16.
[3]) Vgl. Kühnemann, Kants und Schillers Begründung der Ästhetik S. 144 .
[4]) Vgl. Böcking 12, 275 und Haym S. 803 Anm.

doch zu betonen, daß Shakespeare durch seine Objektivität den naiven Dichtern nahesteht, und darauf hinzuweisen, daß Goethe meinte, Shakespeare habe den großen unvereinbar scheinenden Gegensatz des Antiken und Modernen überwunden [1]. Und den Ariost hatte Schiller doch auch nicht eigentlich zu den sentimentalischen Dichtern gezählt, ja eine Charakteristik des *Orlando furioso* in einem Brief an Körner [2] legt ihm Züge des naiven Dichters bei. Daß aber in der von Schiller zitierten Stanze des Ariost und in Homers Darstellung vom Waffentausch des Glaukus und Diomedes zwei durchaus verschiedene Empfindungsweisen zum Ausdruck kommen, hätte Schlegel nicht bestreiten sollen; denn was er dagegen vorbringt [3], scheint mir nicht sehr glücklich zu sein. Dem ganzen Widerspruch Schlegels gegen Schillers Sätze dürfte neben der persönlichen Antipathie die Abneigung des Historikers gegen Schillers Geschichtskonstruktion zugrunde liegen und in der Darstellung der Literaturgeschichte sowie in der Charakteristik einzelner Dichter konnte er sich jenem wohl überlegen fühlen; auf diesem Gebiet liegen in der Tat seine Hauptverdienste.

Auf Übereinstimmungen in Schillers und Schlegels Urteilen über einzelne Dichter [4] will ich nicht näher eingehen, wohl aber noch ihre Auffassung des Mittelalters, der Reformation und der Aufklärung vergleichen. Schiller war anfangs in seinem Urteil über das Mittelalter durch die rationalistische Auffassung seiner Zeit beeinflußt (14, 200 Anm.), dann aber zu einer Lob und Tadel gerechter abwägenden Ansicht gekommen (14, 473 ff.). Schlegel läßt sich dagegen durch seine Polemik gegen die Aufklärung zu einer ganz einseitig idealistisch gefärbten Auffassung des Mittelalters verleiten (19, 87 ff.) [5]. Aus seiner polemischen Tendenz ist auch die Geringschätzung der Reformation und die Verherrlichung des Katholizismus zu erklären, aber was zunächst nur polemisch gemeint ist, wird allmählich seine ernstliche Überzeugung. Gern hebt er die nachteiligen Wirkungen der Reformation hervor (19, 71, 30), sie sei schuld daran, daß

<hr>

[1]) Weim. Ausg. 41, 1, 63, 19, vgl. Gervinus [4] 2, 506 u. oben S. 15.

[2]) Jonas 6, 336.   [3]) 18, 137, 21; Böcking 12, 276.

[4]) Über Ovid 18, 283, 7 (vgl. Schiller 8, 350, 11), über Klopstock 18, VI, 9, über Iffland und Kotzebue 18, 393, 6. — [5]) Vgl. Haym S. 823.

die Malerei in keinem protestantischen Lande gedeihen könne
(17, 225, 9); deshalb muß er sagen, daß der tiefe und heilige
Sinn der Dürerschen Bilder in einem frommen katholischen
Gemüt geboren sei (19, 24, 21); er wirft der Reformation „Un-
dank" gegen die Märtyrer und Heiligen vor (17, 352, 33) und
erkennt bestenfalls an, daß sie gegen Mißbräuche geeifert, deren
Abstellung jedoch in der Gesamtheit der Kirche vielleicht allmäh-
licher, später, aber universeller und dauernder zustande gekommen
wäre (18, 79, 8). Dagegen erwärmt sich Schlegel nach dem Muster
von Novalis für die Idee des Papsttums (18, 64, 7; 19, 36, 26),
stellt die katholischen Kirchenlieder höher als die protestantischen
(19, 72, 6), findet Milton und Klopstock zu wenig mystisch und
religiös (18, V, 26. 208, 18) und versteigt sich bis zu der Ansicht, gerade was zum innersten Wesen der Religion gehöre,
müsse der profanen weltlichen Ansicht am läppischsten und
widersinnigsten erscheinen (17, 351, 29). Die Aufklärung dagegen ist ihm eine wahre Verfinsterung, eine Auslöschung des
innern Lichts (17, 333, 6) und er wird nicht müde, sie hier zu
bekämpfen, wie er ihr als Dichter in seinem „Fastnachtsspiel vom alten und neuen Jahrhundert" zu Leibe gerückt war. Nun hat Schiller ja auch die Einseitigkeiten der
Aufklärer scharf bekämpft, auch er war für die poetischen Elemente des Katholizismus empfänglich und hat sie dichterisch
verwertet. Niemals aber ist dadurch sein Gesamturteil getrübt
worden, wie Schlegel selbst später, als ihm seine katholisierenden Neigungen unbequem wurden, hervorgehoben hat[1]. Statt
aller andern Belege seien nur die männlich stolzen Verse aus
Schillers Gedicht „Deutsche Größe" (9, 207, 1) zum Zeugnis
dafür angeführt:

Schwere Ketten drückten alle	Höhern Sieg hat der errungen,
Völker auf dem Erdenballe,	Der der Wahrheit Blitz geschwungen,
Als der Deutsche sie zerbrach,	Der die Geister selbst befreit.
Fehde bot dem Vatikane,	Freiheit der Vernunft erfechten,
Krieg ankündigte dem Wahne,	Heißt für alle Völker rechten,
Der die ganze Welt bestach.	Gilt für alle ewge Zeit. —

Nach Abschluß der Berliner Vorlesungen verläßt Wilhelm
Schlegel Deutschland und begibt sich in das Gefolge von

—
[1] Böcking 8, 228 f.

Frau von Staël[1]. Überraschend schnell wirkt der Wechsel seiner Umgebung auf seine Anschauungen ein. Aus dem engen Kreise seiner romantischen Freunde herausgerissen, empfindet er bald, daß sie die Fühlung mit den breiteren Schichten der Gebildeten verloren haben und beneidet Schiller um seine Popularität; die Dichter der letzten Epoche hätten eine bloß spielende, müßige, träumerische Phantasie allzusehr zum herrschenden Bestandteil ihrer Dichtungen gemacht; er fordert eine der Religion verwandte, eine wache, unmittelbare, energische und besonders eine patriotische Poesie[2]. Bald macht er in einer Rezension von Rostorfs Dichtergarten ähnliche Geständnisse vor der Öffentlichkeit und verlangt nach einem festen Halt an einem begeisternden Glauben[3]. Schlegel hat das später so darstellen wollen, als ob darin die Hoffnung auf Überwindung des Napoleonischen Jochs ausgedrückt wäre (8, 241 f.); hält man aber einen Brief an Rostorf vom 3. Sept. 1807 daneben, so wird man an der Berechtigung dieser Auslegung zweifeln dürfen. Hier ist zwar auch von der traurigen Lage des Vaterlandes die Rede, daneben aber von dem Rückzug in die unantastbare Burgfreiheit der Religion, von dem Rostorf ein schönes Beispiel gegeben; auch er, Schlegel, hätte Anmutungen der Art erfahren und vor einem gnadenreichen Bilde in Einsiedeln eine rufende Stimme vernommen; zum Schluß bedauert er, daß er in seiner Rezension nur unvollkommen habe andeuten können, was er über Rostorfs Gedichte denke und empfinde[4]. Mehrere Jahre hindurch trägt er sich mit dem Gedanken eines Übertritts zum Katholizismus; was er in einem Brief an Schleiermacher vom 4. Dez. 1809 nur leise andeutet[5], spricht er 1811 gegen Montmorency unverhüllt aus[6]. Es dürfte wohl damit zusammenhängen, daß Friedrichs Briefe an Wilhelm aus den Jahren 1803–1811 fehlen; sie mögen Mahnungen zum Übertritt enthalten haben[7] und von Wilhelm vernichtet worden sein, als er

---

[1] Zu diesem ganzen Abschnitt ist zu vergleichen: Minor ZÖG. 38, 590–613. 733—753.

[2] Briefe an Fouqué S. 356 ff.; vgl. D. Fr. Strauß, Ges. Schriften 2, 141.

[3] Böcking 12, 206 f.   [4] Hoffmann v. Fallersleben, Findlinge S. 185 f.

[5] Euphorion 5, 506.

[6] Lady Blennerhassett, Frau v. Staël 3, 298, vgl. 300 u. Oeuvres 1, 189 ff.

[7] Vgl. Walzel 601, Raich, Dorothea 1, 249 f.

die Spuren seiner Hinneigung zum Katholizismus zu verwischen bemüht war. Daß er schließlich seinen Glauben nicht
gewechselt hat, schreibt Karoline wohl mit Recht dem Einfluß
seiner „Pallas“, d. h. der Frau von Staël zu[1].

Im Kreise der Frau von Staël beginnt der regsame Mann Aufsätze in französischer Sprache zu verfassen. Der älteste, erst aus
dem Nachlaß veröffentlichte, stammt aus dem Jahr 1805 und führt
den Titel: *Considérations sur la civilisation en général et sur
l'origine et la décadence des religions*. Alles Paradoxe, was
Schlegel in den Berliner Vorlesungen gegen das Zeitalter der
Aufklärung und Toleranz, gegen den Wert der Entdeckungen
und Erfindungen vorgebracht hatte (DLD. 18, 44 ff.) wird hier
neu aufgewärmt und womöglich noch überboten; jedenfalls
läßt eine ausführlich erörterte Hypothese alles hinter sich, was
er bisher an poetisierter Wissenschaft vorgetragen hat; allen
Ernstes nämlich nimmt er eine Erziehung des Menschenge-
schlechts durch höhere Wesen von einem andern Planeten aus
an[2]. Aus seiner ersten gedruckten französischen Arbeit: *Comparaison entre la Phèdre de Racine et celle d'Euripide* (1807)
möchte ich nur eine, soweit ich sehe, später wieder aufgegebene
Ansicht hervorheben. Schlegel will hier den Unterschied der
antiken und modernen Tragödie darin sehen, daß das Christentum an die Stelle der Schicksalsidee die Idee der Vorsehung
gesetzt hat[3]; christliche Tragödien findet er bei Calderon, aber
auch z. B. in der Alzire von Voltaire[4]. Von Shakespeares
Werken bezeichnet er Hamlet und Lear als philosophische,
Macbeth als antikisierende Tragödie. Es sei daran erinnert,
daß auch Schiller in dem Aufsatz über die tragische Kunst es
als einen Vorzug der modernen gegenüber der antiken Tragödie
bezeichnet hatte, daß jene an Stelle des Schicksals eine Ahnung

---

[1]) Waitz, Karoline 2, 365. — [2]) Oeuvres écrites en français 1, 277 ff.. bes.
S. 297 ff. — [3]) Oeuvres 2, 387 ff.
    [4]) Auch Schelling hat in seinen Vorlesungen über Philosophie der Kunst
(Werke 5, 720 ff.) ähnliche Ideen vorgetragen und Calderon als Gipfel der
dramatischen Kunst gefeiert, in dessen Werken eine „höhere Schickung“ waltet,
„nach welcher Sünder sein müssen, damit an ihnen die Macht der göttlichen
Gnade offenbar werde“. Möglich ist es, daß diese Ausführungen Schlegel bekannt
waren, da Schelling ihm einige Abschnitte seiner Vorlesungen im Manuskript
zusandte, doch ist es nicht notwendig, eine Abhängigkeit anzunehmen.

oder ein Bewußtsein teleologischer Verknüpfung, einer erhabenen Ordnung, eines gütigen Willens setze (8, 40, 27). Auch er hat diese Ansicht in seinen späteren Schriften nicht wiederholt.

Das Jahr 1807 führt Frau von Staël und mit ihr Wilhelm Schlegel nach Wien; wie vor einigen Jahren in Berlin hält er hier vor einem glänzenden Publikum Vorlesungen, diesesmal über dramatische Kunst und Literatur. Da ihnen zum großen Teil die Manuskripte der Berliner Vorlesungen zugrunde gelegt wurden, da jetzt auch noch mehr die Dichter und ihre Werke[1] in den Vordergrund gestellt wurden und für theoretische Erörterungen wenig Raum übrigblieb, ist an dieser Stelle wenig über sie zu sagen. Wiederholt natürlich findet Schlegel Gelegenheit, sich über den Unterschied der antiken und romantischen Poesie auszusprechen. Bald setzt er mit Hemsterhuys dem plastischen Geist der antiken Poesie den der romantischen als pittoresk entgegen (6, 32)[2], bald betont er den Hang der romantischen Kunst zu unauflöslichen Mischungen, bezeichnet sie als einen Ausdruck des geheimen Zuges zu dem immerfort nach neuen und wundervollen Geburten ringenden Chaos und meint, sie sei dem Geheimnis des Weltalls näher (6, 161). Auffallend aber ist es, daß seine Charakteristik des griechischen Geistes mehr als bisher an die Schillers erinnert. Er will der griechischen Bildung keinen höheren Charakter zugestehen als den einer geläuterten, veredelten Sinnlichkeit (5, 13): „bei den Griechen war die menschliche Natur selbstgenügsam, sie ahndete keinen Mangel und strebte nach keiner andern Vollkommenheit, als die sie wirklich durch ihre eigenen Kräfte erreichen konnte" (5, 15); „die Poesie der Alten war die des Besitzes, die unsrige ist die der Sehnsucht" (5, 16); „das griechische Ideal der Menschheit war vollkommene Eintracht und Ebenmaß aller Kräfte, natürliche Harmonie. Die Neueren hingegen sind zum Bewußtsein der inneren Entzweiung gekommen, welche ein solches Ideal unmöglich macht"; die griechische Poesie „hat ihre Aufgabe bis zur Vollendung gelöset, diese [die neuere] kann ihrem Streben ins Unendliche hin nur durch Annäherung Ge-

---

¹) Auf Berührungspunkte Schillers und Schlegels im Urteil über das klassische Drama der Franzosen weist Schwill (A. W. Schlegel und das Theater der Franzosen S. 19 ff., 63, 66) hin. — ²) Vgl. DLD. 17, 156, 26. 35.

nüge leisten" (5, 17) [1]. Hier wird auch der Ausfall gegen Schillers Abhandlung über naive und sentimentalische Dichtung gestrichen und am Schluß der Vorlesungen endlich wird auch den Schillerschen Dramen eine eingehende Besprechung zuteil (6, 419ff.) [2]. Schillers großen Ruhm und Popularität hatte er widerwillig genug in dem bereits zitierten Brief an Fouqué vom 12. März 1806 anerkennen müssen; Schiller hätte sein ganzes Leben hindurch (etwa die romantische Fratze der Jungfrau von Orléans und die tragische Fratze der Braut von Messina ausgenommen, welche deswegen auch nicht die geringste Rührung hervorbringen konnten) dem nachgejagt, was ergreift und erschüttert, er mochte es nun *per fas aut nefas* habhaft werden; Schlegel wirft ihm Kompositionsfehler vor und ist geneigt, den größeren Teil der Wirkung der Schillerschen Dramen auf Rechnung der Vorbilder zu setzen, auch beim Tell, von dem er aber gesteht, daß er ihn fast mit Schiller ausgesöhnt habe. Kühl und frostig klingt auch alles, was Schlegel in seinen Vorlesungen über Schiller zu sagen hat. Mit der Abneigung des Romantikers gegen den Sturm und Drang verwirft er die Jugenddramen, findet in den Räubern eine verfehlte Nachahmung Shakespeares, in Kabale und Liebe einen überspannten Ton der Empfindsamkeit, in Don Carlos hätte Schiller „die alte sich brüstende Unnatur" nur in gewähltere Formen gekleidet [3]. Äußerst dürftig ist auch, was er über den Wallenstein sagt; der Anschluß an Shakespeare, die objektive Darstellung wird gelobt, der große Umfang bemängelt, von Max und Thekla geurteilt, die Episode gehöre zwar nicht in die Zeit, sei aber ebenso zart als edel gedacht. Kühl wird die Kunstfertigkeit der Maria Stuart gerühmt, sowie der würdige Ernst der religiösen Eindrücke, aber das Gezänk der Königinnen und die wilden Ausbrüche von Mortimers Leidenschaft werden als beleidigend empfunden. Die Jungfrau von Orléans wird an Shakespeares Darstellung gemessen und nur als Ehrenrettung geschätzt, das Bühnenglück, das er ihr im Brief an Fouqué absprechen wollte, auf die blendenden Effekte und den reichen Schmuck der Sprache zu-

[1] Dazu vergleiche man Schiller 8, 59, 6. 183 f. 335, 8. 376, 20.
[2] Vgl. D. Fr. Strauß, Ges. Schriften 2, 141 ff.
[3] Anders lautete sein Urteil im Jahr 1790; s. o. S. 37 f.

rückgeführt. Am meisten hat Schlegel an der Braut von Messina zu tadeln: das von aller Wahrscheinlichkeit entblößte Kostüm, die Entlehnungen und die Verflechtung des Chors in die Handlung. Das wärmere Lob, das er dem Tell spendet, wird wieder halb aufgehoben durch den Hinweis auf Johannes Müllers „herrliche Vorarbeit". Gegen die Bearbeitung des Macbeth und die Umwandlung der Hexen in Furien hatte Schlegel schon an anderer Stelle einen Streich geführt (6, 253)[1]. Nach alledem kann man auch des schönen und wahren Schlußurteils nicht recht froh werden, da Schlegel hier offenbar Schiller als Menschen rühmt, um ihn nicht als Dichter loben zu müssen: „Er war im eigentlichen Sinne ein tugendhafter Künstler, der dem Wahren und Schönen mit reinem Gemüt huldigte und dem rastlosen Streben darnach seine Persönlichkeit zum Opfer darbrachte, fern von kleinlicher Eigenliebe und selbst unter vortrefflichen Künstlern allzuhäufiger Eifersucht" (6, 424). Die Verkennung der eminenten dramatischen Energie Schillers, der hinreißenden Gewalt der Rede wird um so auffallender, wenn man sich der Forderungen erinnert, die Schlegel selbst an den dramatischen Dichter stellt: Klarheit, Raschheit und Nachdruck verlangt er, starke Eindrücke, einen entschiedenen Rhythmus, „der den Pulsschlag beschleunigt und das sinnliche Leben in rascheren Schwung setzt" (5, 31 f.). Ja, wer besaß denn diese Eigenschaften damals, wenn nicht eben Schiller?

Als Wilhelm Schlegel in Wien seine Vorlesungen hielt, war er ein Mann von 40 Jahren; er erreichte ein Alter von 78 Jahren. Trotz dieses langen Zeitraums ist zu dem hier behandelten Thema nur noch wenig zu sagen. Schlegel wandte sich, von einer episodischen politischen Tätigkeit abgesehen, vorzugsweise gelehrten Studien zu und wirkte von 1818 an als Professor der indischen Altertumskunde in Bonn. Im Jahr 1827 holte er das Manuskript seiner Berliner Vorlesungen hervor, um wiederum in Berlin Vorlesungen über Theorie und Geschichte der bildenden Künste zu halten. Über das Verhältnis dieser Vorlesungen zu den älteren hat Minor (DLD. 17, XXXI ff.) eingehend berichtet. Hier endlich wird Schiller

---

[1] Vgl. 2, 213 und Waitz, Karoline 2, 101.

auch als Ästhetiker genannt: „Kants Lehre vom Schönen hat an Schiller einen beredten Ausleger gefunden; obwohl es aber dem Dichter zur größten Ehre gereicht, daß er sich um die höchste Weise des Erkennens bemühte, so ist doch nicht in Abrede zu stellen, daß er mit seinen Theorien niemals ein Trauerspiel zustande gebracht hätte" (DLD. 17, XXXIII). Hier wird auch die Lehre von der Schönheit des Baues und des Ausdrucks richtig auf Schiller zurückgeführt (DLD. 17, XLV). Das Jahr 1828 brachte Schlegels Schrift „Berichtigung einiger Mißdeutungen", worin er sich gegen den Vorwurf des Kryptokatholizismus zu verteidigen suchte. Daß ihm in dieser Zeit jede Hinneigung zum Katholizismus fern lag, zeigen interessante, aus seinem Nachlaß veröffentlichte Aufzeichnungen [1], in denen er stellenweise fast wie ein Aufklärer redet (S. 144 f., 162, 264); daß er aber früher den Gedanken eines Übertritts ernstlich erwogen hatte, ist (S. 98) erwähnt. In dieser Schrift kommt Schlegel auch auf Schiller zu sprechen und betont mit Recht, daß man ihm wegen dichterischer Verwertung des Katholizismus keine katholisierenden Tendenzen vorwerfen dürfe (8, 228) [2]. In demselben Jahr 1828 gab Wilhelm Schlegel auch unter dem Titel „Kritische Schriften" eine Sammlung meist älterer Arbeiten heraus, wobei er einige gegen Schiller gerichtete Zusätze und Anmerkungen einfügte. Er tadelt die ausführlichen Theateranweisungen (7, 48), sowie die Jamben des Don Carlos, erkennt jedoch auch Schillers Verdienst um die Wiedereinführung des Verses im Drama an (7, 66 f.) [3]. Den Schillerschen Prosaschriften wirft er kalte abgezirkelte Eleganz vor, die in den Briefen über ästhetische Erziehung in die äußerste Erstorbenheit überging (8, 67); dem Verfasser der Räuber spricht er das Recht ab, Bürgers Derbheiten zu tadeln, und meint, er hätte Bürgern nicht tadeln sollen, weil er ihn nicht gehörig zu loben verstanden hätte (8, 71 f.); endlich werden Schillers Balladen, die er doch einst selbst nachgeahmt hatte, neben den Bürgerschen völlig verworfen. Man ist versucht, diese Äußerungen bereits auf die Lektüre des Goethe-Schillerschen Briefwechsels zurückzuführen, in dem Schlegel ja

[1] Oeuvres 1, 121 ff. [2] Vgl. Oeuvres 1, 273. [3] Vgl. Briefe an Tieck 3, 308.

freilich durch alle schroffen Urteile Schillers über ihn und seinen
Bruder gekränkt werden mußte; doch will er diese Briefe erst Anfang 1830 gelesen haben. Am 15. Januar 1830 macht er zuerst in
einem Brief an Tieck seinem Groll gegen den „kranken Uhu"
Schiller Luft, der sich überredet hätte, „wir jungen Leute wären
gar nicht da und würden nie etwas in der Welt bedeuten"[1].
Hätte er doch, wie er beabsichtigte, Schillers Briefe an ihn
oder auch Friedrichs Jugendschriften drucken lassen und die
„Scherzgedichte", die ihm der Ärger eingab, nicht veröffentlicht. Ich will diese hämischen Verse[2] hier weder wieder-
holen, noch den von Schlegel gewünschten Kommentar dazu
schreiben, sondern nur eine Probe geben und einige Bemerkungen hinzufügen. Nr. 4 lautet:

Schiller im Spiegel seiner Theorie.

Weil kein frisches Gefühl dem vertrockneten Herzen entströmte,
Alles in Röhren gepumpt, nannt' er sich sentimental.
Weil er die Nacht in Toboso vergeblich gesucht die Prinzessin,
Auch Windmühlen bekämpft, nannt' er sich Idealist.

In Nr. 7 fragt Wilhelm entrüstet: „Unwissend darfst du
Friedrich Schlegel schelten? Wie? meinst du selber für gelehrt
zu gelten?" usw. Die einzige Stelle, auf die sich das Epigramm
beziehen kann, ist Schillers Brief vom 16. Mai 1797; hier ist
aber gar nicht von Gelehrsamkeit die Rede, die Unwissenheit,
die Schiller hier Friedrich Schlegel vorwirft, bezieht sich vielmehr nur darauf, daß dieser die Agnes von Lilien für ein Werk
Goethes hielt. Nr. 2 und 3 bespötteln die Verschiedenartigkeit
der Naturen Goethes und Schillers; das „derb materiell Kon-
krete" Goethes hätte Schillern in der Kehle gewürgt, jener über
das „Abstrakte, auch das Verzwickte, das Vertrackte" Schillers
Grimassen geschnitten. „Sie dachten die Naturen auszuwechseln,
und wechselten nur fruchtlos manchen Brief." Man braucht
hier nicht an Goethes und Schillers eigene Urteile über ihren
Freundschaftsbund zu erinnern — Schiller nennt die Bekannt-

---

[1] Briefe an Tieck 3, 298 f.; der Ausdruck „kranker Uhu" stammt aus
Bürgers „Vogel Urselbst".

[2] Böcking 2, 204. Man vgl. Minor ZÖG. 38, 747; Strauß, Ges. Schriften
2, 157; Poppenberg, Romantische Xenien: Voss Zg B. 1894 N. 46/7 und als
Gegensatz etwa Mörikes Briefe: Goethe-Jb. 17, 255.

schaft mit Goethe das wohltätigste Ereignis seines ganzen
Lebens [1] und Goethe spricht von dem neuen Frühling, „in welchem
alles froh nebeneinander keimte und aus aufgeschlossenen Samen
und Zweigen hervorging" [2] —, man braucht nur das Urteil eines
einsichtigen Zeitgenossen zum Vergleich heranzuziehen, um sich
den ganzen Unverstand der Verse klarzumachen. Geiger
hat kürzlich einen sehr interessanten Brief des Generalleutnant
Funck an Körner vom 17. Januar 1796 veröffentlicht [3], worin
dieser erzählt: „Goethes Umgang ist ihm [Schiller] als Schriftsteller sehr heilsam. Statt, wie ich mit Ihnen glaubte, ihm
Trockenheit mitzuteilen, zieht ihn der durchaus verfeinert sinnliche Goethe immer wieder in die Körperwelt zurück und gewinnt selbst, indem er sich an diesen, ich möchte sagen,
ganz transszendentalen Menschen anschließt".

Über die „Scherzgedichte" aber schrieb Goethe am 26. Okt.
1831 an Zelter: „Daß August Schlegel so lange lebt, um jene
Mißhelligkeiten wieder zur Sprache zu bringen, muß man ihm
gönnen. . . . Wir wollen das alles, wie seit so vielen Jahren, vor-
übergehen lassen, und immer nur auf das hinarbeiten, was wirk-
sam ist und bleibt".

August Wilhelm Schlegel starb am 12. Mai 1845. Es ist
bedauerlich, daß sein Verhältnis zu Schiller mit einem solchen
Mißklang endet, um so mehr, als es nicht innere Gründe waren
— wie bei Friedrich —, die einen Bruch notwendig hätten
herbeiführen müssen. Er selbst war nicht zum Theoretiker geschaffen, bedurfte aber für seine kritischen Arbeiten einer ästhetischen Theorie und seine Horenaufsätze zeigen ebenso wie
die Rezensionen der Jenaischen Literaturzeitung, daß sich seine
empirisch-technische Betrachtungsweise sehr wohl mit den Prinzipien Schillers vertrug; es war kein Gewinn für ihn, daß
er sich später den Lehren Friedrichs und Schellings anschloß.
Trotz seiner ruhigen Nüchternheit hat er sich von ihnen zu
naturphilosophischen Phantastereien und beinahe zum Religions-
wechsel verleiten lassen; erst als er sich ihrem persönlichen

---

[1] Jonas 6, 218.
[2] Werke 36, 252, 13.
[3] Frankf. Zeitung 3. März 1903, N. 62.

Einfluß entzogen hatte, hat er den Rückweg zu besonnenern Anschauungen gefunden. In seinen speziell ästhetischen Ansichten
hat er sich viel weniger von Schiller entfernt, indem er der Schellingschen Lehre vor allen Dingen die Sätze entnommen hat,
die auf Kant und Schiller zurückgehen, und indem er später
immer mehr zu den ihm aus früher Zeit vertrauten Anschauungen Schillers zurückgekehrt ist.

V.

Friedrich Schlegel als Konvertit.

Am 16. April 1808 trat Friedrich Schlegel zum Katholizismus über; innerlich war er schon lange Katholik[1]. Windischmann hat uns eine merkwürdige Äußerung Friedrichs aus dem Jahr 1817 überliefert, die eine treffende und den Glaubenswechsel erklärende Selbstcharakteristik enthält: „In meinem Leben und philosophischen Lehrjahren ist ein beständiges Suchen nach der ewigen Einheit (in der Wissenschaft und in der Liebe) und ein Anschließen an ein äußeres, historisch Reales oder ideal Gegebenes (zuerst Idee der Schule und einer neuen Religion der Ideen) — dann Anschließen an den Orient, an das Deutsche, an die Freiheit der Poesie, endlich an die Kirche, da sonst überall das Suchen nach Freiheit und Einheit vergeblich war. — War jenes Anschließen nicht ein Suchen nach Schutz, nach einem festen Fundamente?"[2]. In der Tat beruht Schlegels ganze Tätigkeit darauf, daß er fremde Ideen mit Enthusiasmus aufgreift, sie, blind für alles andere, auf die äußerste Spitze treibt, bis die Begeisterung verflogen ist und ein neues Idol das alte verdrängt. So zeigt er sich in seinem Verhältnis zur Antike, zu Schiller, Fichte, Schleiermacher, Novalis, Schelling usw. Anfangs mochte er sich seiner Wandlungsfähigkeit rühmen und von einem recht freien und gebildeten Menschen geradezu verlangen, er müsse sich nach Belieben philosophisch oder philologisch, kritisch oder poetisch,

[1] Raich 1, 196.
[2] Philos. Vorlesungen, hrsg. von Windischmann 2, 524; vgl. Concordia S. 37 f.

historisch oder rhetorisch, antik oder modern stimmen können, ganz willkürlich, wie man ein Instrument stimmt, zu jeder Zeit und in jedem Grade (Lyc. 55). Auf die Dauer konnte er in dieser innern Haltlosigkeit keine Befriedigung finden und es ist mehr als ein Scherz, wenn er sagt: „Im allgemeinen ist das wohl die gründlichste Ironie der Ironie, daß man sie doch eben auch überdrüssig wird, wenn sie uns überall und immer wieder geboten wird"[1]. So sehen wir ihn denn schon im Athenäum nach einem „festen Halt" ausschauen[2], den er schließlich im Katholizismus findet. Im Protestantismus hatte man seiner Meinung nach „die Religion so lange geläutert und geklärt, bis sie endlich ganz verflüchtigt worden und vor lauter Klarheit verschwunden ist"[3]; deshalb empfahl er die Rückkehr zum Primitiven und Positiven[4]. „Ohne Religion zu leben, ist so traurig als unglücklich", lautet eine Aufzeichnung aus dem Jahr 1806, „die katholische ist die einzige, die man ergreifen kann, unstreitig wenigstens die bessere"; dabei hofft Schlegel, daß durch die Neubekehrten auch die erstorbene und erschlaffte katholische Welt neu belebt werden würde (Vorl. 2, 444). Und am 23. Februar desselben Jahres schreibt er an Karoline Paulus: „Wenn Sie uns für etwas parteiisch halten für die Katholiken, so muß ich nur gestehen, daß dies zum Teil der Fall ist aus persönlicher Freundschaft. Diese allgemeine Achtung und diese herzliche Freundschaft fand ich nur bei diesen sehr verdammten Menschen. Meine ehemaligen sogenannten Freunde, als calvinische, lutherische, herrnhutische — theistische, atheistische und idealistische mit eingerechnet, haben sich, meinen einzigen leiblichen Bruder ausgenommen, der aber auch ein sehr schlechter Calviner ist, sämtlich als wahres Zigeunergesindel gegen mich aufgeführt"[5].

Die letzte Periode im Leben Friedrich Schlegels, von der Übersiedlung nach Paris bis zu seinem Tode, harrt noch einer zusammenfassenden Darstellung[6], die hier natürlich nicht ge-

---

[1] Minor 2, 392, 27. — [2] Ebd. 2, 358, 9. — [3] Lessing 3, 11. — [4] Ebd.; vgl. Concordia S. 40. — [5] Raich, Dorothea 1, 165 f.

[6] Vgl. Muncker: ADB. 33, 737, Walzel DNL. 143, XLIX, Fester, Rousseau und die deutsche Geschichtsphilosophie S. 199 f., Sulger-Gebing, Die Brüder Schlegel in ihrem Verhältnis zur bildenden Kunst S. 134 ff. Natürlich hat

geben werden kann. Es sind übrigens innerhalb dieser Periode
noch mehrere Abschnitte zu unterscheiden: anfangs überwiegen
noch die ästhetischen Interessen, dann treten unter dem Einfluß der Zeitereignisse nationale, vaterländische Bestrebungen
in den Vordergrund und erst die letzten zehn Lebensjahre nach
der italienischen Reise sind ausschließlich dem Dienst des Katholizismus gewidmet. Die Einschnitte fallen etwa in die Jahre
1808 und 1819.

In Paris treibt Schlegel zunächst persische und indische
Studien, gibt die Zeitschrift Europa heraus und begleitet eine
Auswahl aus Lessings Werken mit Vorreden und Erläuterungen.
Hier, in Köln und bei Frau von Staël, wo er vorübergehend
weilt, hält er außerdem Vorlesungen verschiedener Art, von
denen Windischmann einige aus dem Nachlaß (1836 7) veröffentlicht hat. Die „Europa“ wird eröffnet durch einen Aufsatz „Reise
nach Frankreich“, in dem Schlegel die große Zeit des Mittelalters der gegenwärtigen Armseligkeit gegenüber verherrlicht,
die gänzliche Unfähigkeit des Zeitalters zur Religion, die ab-
solute Erstorbenheit der höhern Organe beklagt und meint,
tiefer könne der Mensch nicht sinken[1]. Im übrigen ist die
Zeitschrift größtenteils der bildenden Kunst gewidmet, wobei
jedoch die Kunstwerke mehr nach religiösen als nach ästhetischen Gesichtspunkten gewürdigt werden[2]. Im „Lessing“ finden
wir zum Teil die Ideen der älteren Aufsätze wieder, daneben
aber auch deutliche Spuren der neuesten Entwicklungsstufe.
Schlegel bezeichnet es als Zweck der Philosophie, die herrschende
Denkart zu vernichten, die christliche Religion herzustellen,
altdeutsche Verfassung und Sitte hervorzurufen (3, 420), und erklärt, alle Philosophie sei mystisch (3, 416), so daß Schleiermacher mit Recht fand, hier sei auf gewisse Weise mit der
Mystik Koketterie getrieben, was ihr gar nicht angemessen sei[3].
Die Philosophischen Vorlesungen (1804 6) nennt Haym
ein Gemisch aus Fichte und Böhme, das weder haltbarer noch

diese Periode besondere Beachtung bei katholischen Schriftstellern gefunden
vgl. außer der bei Goedeke angeführten Literatur: Historisch-politische Blätter
56, 256—87, 337—59, wo noch weitere Aufsätze genannt werden.
  [1] Europa 1, 1, 11. 35. — [2] Vgl. Sulger-Gebing, bes. S. 118. 132.
  [3] Jonas-Dilthey 3, 369.

schmackhafter sei als das poetische aus Aeschylus und Calderon
(S. 679). Das vernünftige Denken, so lehren diese Vorlesungen,
führt in lauter Widersprüche und Irrtümer (2, 51), Gefühl und
Erinnerung sind vielmehr die einzigen Quellen der Erkenntnis,
„das Gefühl als unmittelbare Wahrnehmung eines andern Ichs
in der gegenwärtigen Welt, die Erinnerung als ein Wieder-
erwachen und Wiederfinden des vollständigen Ichs in dem
gegenwärtigen, zerteilten, abgeleiteten“ (2, 42 f.; vgl. S. 39). „Klar
denkt bloß der, welcher den gemeinen Standpunkt der Anschauung und Vernunft ganz verlassen hat, und nur alles aus dem
einen Urgedanken ansieht und zuletzt alles in Gott sieht“ (2, 54).
Wohin eine solche angebliche Intuition führt, wird besonders
in der von Schlegel versuchten Kosmogonie klar (2, 110—192);
meint er doch, unser Inneres allein, ohne alle andern Hilfs-
mittel, sei das einzige, was zu einiger Kenntnis von dem Anfang
der Welt führen könne (2, 125). Diese Proben dürften genügen,
um zu zeigen, wie weit sich Schlegel vom festen Boden des
Kritizismus entfernte, zu dem sich auch Schiller bekannte. Die
ästhetischen Anschauungen Schlegels, die sich in der ganzen
letzten Epoche kaum verändern, sollen später im Zusammenhang dargestellt werden, hier mögen nur noch einige Stellen
zur Charakteristik seiner ethischen Ideen angeführt werden.
Als ein Widerruf der Lucindenmoral kann der gegen Plato gerichtete Satz gelten, das Leben zu einem göttlichen Kunstwerk
auszubilden sei ein erhabenes Geschäft, das aber unmöglich
als absoluter Zweck für alle Menschen aufgestellt werden könne
(2, 267). Da Schlegel jetzt — umgekehrt wie Kant — die
Moral auf Religion begründet (2, 393), kann natürlich von den
früheren Extravaganzen keine Rede mehr sein, ja über die Ehe z. B.
urteilt er jetzt mit der ganzen Strenge des Katholizismus: Todes-
strafe für Ehebruch erscheint ihm nicht zu hart und eine Ehe-
scheidung gilt als unmöglich (2, 353).

Im Jahr 1808 beteiligte sich Schlegel mit mehreren umfangreichen Rezensionen, die man am bequemsten in Walzels
Auswahl (DNL. 143, S. 314—421) übersieht, an den Heidel-
bergischen Jahrbüchern. Obwohl er sich vom Vorwurf
einer parteiischen Vorliebe für die katholische Ansicht zu
reinigen sucht (361 Anm.) und sich eine gewisse Selbständigkeit

des Urteils auch in konfessionellen Fragen wahrt (343, 27), betont er doch stärker als bisher religiöse Gesichtspunkte und eifert besonders gegen eine bloß ästhetische Religion vager Gefühle (322, 14. 342, 21). Aber noch in einem andern Sinne wendet er sich gegen die ästhetische Träumerei, die der großen Zeit unwürdig sei (419, 28); dies sei das Übel, das die besten Kräfte des deutschen Herzens verzehre und die Menschen endlich zur gefühllosesten Gleichgiltigkeit aushöhle; durch die bloß ästhetische Ansicht sei jeder ernste Gedanke an Gott und Vaterland, jede Erinnerung des alten Ruhms und mit ihnen der Geist der Stärke und Treue meist bis auf die letzte Spur erloschen (419, 24. 14). Wie Wilhelm wenige Jahre zuvor eine wache, energische, patriotische Poesie gefordert hatte. so wurde auch Friedrich durch die Gewalt der Zeitereignisse aus der geflissentlich exklusiven Stellung der eigentlich romantischen Zeit (Ath. 275) herausgerissen. Er trat jetzt in österreichische Dienste, rief in Proklamationen Deutschland zu den Waffen und verstand es, in Gedichten, den besten, die ihm je gelungen sind, kräftige vaterländische Töne anzuschlagen.

Die Abneigung gegen die (angeblich) seit Winckelmann herrschende bloß künstlerische und ästhetische Bildung kommt auch in den Wiener Vorlesungen über neuere Geschichte und über Geschichte der alten und neuen Literatur, sowie in den Aufsätzen des Deutschen Museums zum Ausdruck; oft werde die ästhetische Ansicht auch da gefunden, „wo allerdings noch eine andre sittlich-nationale Beziehung oder religiöse Gesinnung den Vorrang behaupten und das Erste sein sollte"[1]. Die Überschätzung bloßer Spiele der Phantasie[2], wie er sie etwa bei Ariost findet (Lit. 1, 270), ist geschwunden; ja Schlegel tadelt an Pulci, daß man selten recht wisse, was Parodie und was Ernst sei (Lit. 2, 19), rühmt dagegen den Cid wegen seines nationalen Gehalts (Lit. 1, 299); doch bemerkt er auch, er sei weit davon entfernt, „jenen nationalen Gesichtspunkt für den einzigen zu halten, aus dem der Wert einer Literatur zu beurteilen ist" (Lit. 2, 93f.). Neben den nationalen machen sich religiöse Gesichtspunkte

---

[1] Lit. 2, 279; vgl. S. 91, Gesch. S. 4, Museum 1, 1. 449.

[2] Vgl. auch Lit. 2, 101, Deutsches Museum 1, 449; über „Ironie" Vorl. 1, 32; DNL. 143, 398, 6; Lit. 1, 301; 2, 317, Ph. d. Sprache S. 60 und 63.

bei aller scheinbaren oder vielleicht auch ehrlich versuchten
Objektivität   man vgl. das Urteil über Luther, Lit. 2, 249ff. —
stark geltend. Hamann übertrifft an Tiefsinn Lessing und Kant,
die nicht zur Wahrheit durchgedrungen seien[1], und in demselben Sinn heißt es von Goethe, daß es ihm an einem festen
innern Mittelpunkt fehle (Lit. 2, 317), oder von Schiller, er sei
im Zweifel stehen geblieben, und „daher weht uns selbst aus
seinen edelsten und lebendigsten Werken bisweilen der Hauch
einer innern Kälte entgegen" (Lit. 2, 318f.). Solche Urteile
mochte Humboldt im Auge haben, als er an Körner schrieb[2],
Schlegels und Adam Müllers Vorlesungen seien merkwürdige
Erscheinungen am Wiener Horizont gewesen, und wenn er ihnen
sophistische Rhetorik und einseitige Gesichtspunkte vorwarf.
„Wenn sie über Goethe und Schiller sprechen und man sich
bei ihren Vorlesungen an ein lebendiges Gespräch jener beiden
über ähnliche Gegenstände erinnerte, war es einem, als stritten
Pygmäen auf den Gräbern von Heroen"[3]. Sieht man von den
konfessionellen Beschränktheiten ab, die natürlich auch das
Urteil über die Reformation bestimmen, so bleibt Schlegels
Geschichte der alten und neuen Literatur immer ein Werk,
achtungswert durch seine Gelehrsamkeit, durch treffende Cha-
rakteristiken und durch den weiten Blick[4]. Faßt er doch die
Literatur als Inbegriff des gesamten intellektuellen Lebens einer
Nation auf (Lit. 1, XIV.) und zieht demgemäß sowohl die poli-

---

[1]) Museum 3, 35. 49; vgl. Walzel S. 539. — [2]) Ansichten über Lit. S. 131.

[3]) Anmerkungsweise wenigstens seien noch zwei Urteile Humboldts über
Schlegel mitgeteilt. Am 15. Juli 1811 schreibt er an Körner: „Friedrich
Schlegel . . . hat Tiefe und Originalität, aber jetzt eine Einseitigkeit für gewisse religiöse Meinungen, die meinem Urteile nach ein vollkommen farbiges
Glas ist, durch das er alles sieht. Er würde finden, daß das einem Uneinge-
weihten nicht anders gehen kann, würde die Farben in den Dingen antreffen
und mich mit der Unterwelt vergleichen, in der man alles durch grauen Nebel
sieht". In dem oben zitierten Brief vom 1. Juli 1812 heißt es weiter: „Sehr neu-
gierig bin ich, wie Sie mit Schlegel werden fertig werden. Ich bringe ihn mit mir
nicht zu einem interessanten Gespräch. Alles ist abgeschlossen in ihm, und
wo einer nicht seiner Meinung ist, kann er nur vor dem Jünger predigen
oder vor dem Ketzer sich verschließen oder spötteln. Freies Gespräch, ausgehend von der Idee, daß man noch immer nur wenig von der Wahrheit
ergriffen hat und ihr noch immer unendlich viel abzugewinnen übrig bleibt,
kennt er, wenigstens mit mir, nicht und Ihr Sohn bestätigt mir dasselbe."

[4]) Vgl. Erich Schmidt, Charakteristiken S. 489.

tische Geschichte wie die Geschichte der Philosophie in den
Kreis seiner Betrachtung. Daß man lange Jahre hindurch aus
Friedrich und August Wilhelm Schlegels Schriften seine „ästhe-
tische Routine" holte, bezeugt Gervinus[1].

Mit der italienischen Reise, die Friedrich Schlegel 1819
im Gefolge Metternichs unternahm — eine sehr unerfreuliche
Schilderung Friedrichs aus dieser Zeit liefert uns Grillparzer[2] —,
beginnt die ausschließlich dem Dienst des Katholizismus
gewidmete Phase in seinem Leben. Schon im Jahr 1815 hatte
er vom Papst den Christusorden erhalten und den Bruder gebeten,
dem Kardinal Consalvi seine Dankbarkeit auszusprechen[3], und
derselbe Consalvi hat nach Walzels Mitteilung (DNL. 143, LXII)
in Rom die Kraft Friedrich Schlegels zu Zwecken der katholischen Religion zu gewinnen gesucht. Die Vorrede der von
Schlegel in den Jahren 1820—23 herausgegebenen Zeitschrift
Concordia, die sich ausdrücklich an das katholische Deutschland wendet, gibt das Programm: Das gesamte Gebiet der
höhern Geisteskultur soll von dem Standpunkt des Christentums
betrachtet, unerschütterlich feste Anhalts- und Stützpunkte der
Wahrheit und Gerechtigkeit sollen aufgestellt werden; denn die
religiöse Begründung des Lebens und die moralische Befestigung
des Zeitalters sei das Eine, was not sei. Diese Bestrebungen
kommen auch in der Umarbeitung seiner ältern Schriften für
die Gesamtausgabe der Werke zutage und ihnen sind endlich
die Vorlesungen gewidmet, die Friedrich in seinen letzten
Lebensjahren in Wien und Dresden gehalten hat: Philosophie
des Lebens 1827, Philosophie der Geschichte 1828,
Philosophische Vorlesungen, insbesondere über Philosophie der Sprache und des Worts 1828 9. Anzuerkennen
ist, daß Schlegel nicht, wie wir es so oft bei Konvertiten finden,
zum Fanatiker wird; er versichert die „wahrhaft christlichen und
frommen Protestanten" seiner Achtung (Conc. 2), bekämpft ausdrücklich den Fanatismus (Conc. 54) und wünscht, daß der
falsche Zeitgeist nur durch das Schwert des Worts bekämpft
werde[4]. Ja, er erlaubt sich, Übertreibungen und Anmaßungen

----

1) Lit.-Gesch. 2 V, 621. — 2) Werke, hrsg. v. Sauer 14, 135. — 3) Walzel S. 556.
4) Ph. d. Lebens 474; vgl. Ph. d. Gesch. 2, 101 f.

von Bonifaz VIII. zu tadeln[1] und findet, daß die aktive Einmischung in weltliche Händel dem Papsttum nicht angemessen sei[2]. Wissenschaftlich ernst zu nehmen sind diese Vorlesungen allerdings nicht. Schlegel kennt genau das Alter der Patriarchen[3], stellt Erwägungen an über die Sprache Kains[4] und weiß von den ätherischen Lichtkörpern der Geister zu erzählen[5]; er glaubt an die Möglichkeit einer „dämonisch affizierten Einbildungskraft"[6] und möchte bei Gelegenheit von Byrons Kain fragen, „ob nicht dieser über alle andere ähnliche Dichterversuche so weit hervorstrahlenden genialischen Schilderung [des Luzifer] eine persönliche Bekanntschaft zum Grunde liege oder ihr zu Hilfe gekommen sei?"[7] Dabei gibt er seine Philosophie gern als Erfahrungswissenschaft aus[8], natürlich einer Erfahrung von höherer Art und besonderer Beschaffenheit. Die „Scheingründe" gegen ein unmittelbares Empfinden und Wissen eines Höhern werden vornehm bei Seite geschoben[9]; statt auf Gründe beruft er sich gern auf die Einigkeit aller „giltigen" Stimmen[10] oder auf ein „inneres Gefühl"[11]. Sehr richtig erkennt er übrigens, daß ein Streit mit den Rationalisten ergebnislos bleiben muß; es fehle an einem von beiden Teilen anerkannten Forum, „da weder die mit unbedingter Freiheit im Forschen fortschreitende Vernunft auf der einen Seite, noch die in letzter Instanz entscheidende Autorität im Glauben auf der andern Seite von dem Gegenteile als giltig und kompetent anerkannt wird"[12]. —

Soviel mag zur Charakteristik der Schlegelschen Schriften aus seiner letzten Periode genügen; da sie im ganzen wenig bekannt sind, schien mir eine wenn auch nur flüchtige Kennzeichnung seiner Denkweise unerläßlich, um zu zeigen, wie weit sich Schlegel von dem Geist entfernt hat, der die deutsche Philosophie und Wissenschaft groß gemacht. Aus der Vergleichung der besonderen Gebiete, in denen sich die Interessen

---

[1] Ph. d. Gesch. 2, 170.   [2] Ebd. 2, 196.   Ebd. 1, 62. — [4] Ph. d. Sprache 80. — [5] Ph. d. Lebens 28. 104. — [6] Ebd. S. 308.

[7] Ph. d. Sprache 109; andere Aussprüche über den Teufel: Ph. d. Lebens 83, Ph. d. Gesch. 2, 85. 184.

[8] Ph. d. Lebens 74. 138. — [9] Ebd. 304.

[10] Ph. d. Lebens 151, Ph. d. Gesch. 1, 62: über die Lebensdauer der Patriarchen.

[11] Ph. d. Gesch. 2, 183. 185: über Willensfreiheit; Ph. d. Lebens 165: Wunder.   [12] Ph. d. Lebens 210.

Schillers und Schlegels begegnen und auf die ich jetzt noch einen Blick werfen will, würde vielleicht nicht mit genügender Deutlichkeit hervorgehen, daß trotz einiger Berührungspunkte im einzelnen die gesamte Welt- und Lebensanschauung des früheren Verehrers von Goethe und Schiller durch einen Abgrund von der des Klassizismus geschieden ist.

Daß Friedrich Schlegel auch jetzt über die ästhetischen Theorien seiner Vorgänger schroff absprechend urteilt, ist nicht zu verwundern. Durch die Versuche, das Kunstgefühl zu erklären, sei weder ein Verständnis der Kunst eröffnet, noch auch der Dichter selbst gefördert worden; erst seit Kant habe man durch Zurückführung des ästhetischen Gefühls auf das Gefühl des Unendlichen oder die Erinnerung der Freiheit wenigstens die Würde der Poesie gerettet; doch auch damit sei für die Kritik wenig gewonnen, solange man den Kunstsinn nur erklären wolle, statt daß man ihn allseitig üben, anwenden und bilden sollte[1]. Es sind dieselben Bedenken, die auch Wilhelm Schlegel ausgesprochen hatte, die aber ihr Ziel verfehlen, weil sie einen falschen Maßstab anlegen; die Aufgabe der Ästhetik ist es allerdings, das Phänomen des Kunstgefühls zu erklären, nicht aber, es zu üben und auszubilden. An einer andern Stelle (Lit. 2, 103) meint Friedrich, nicht alles, was den Wert des Dichters bestimme, ließe sich auf Begriffe und Grundsätze zurückführen, über anderes könne nur das Gefühl entscheiden; oder er wirft den bisherigen Theorien vor, sie hätten meist nur von den Formen der Poesie gehandelt und nichts über den der Dichtkunst angemessenen Inhalt gesagt (Lit. 2, 112).

Was nun Schlegel selbst über das Wesen der Kunst vorträgt, ist im wesentlichen dasselbe, was im Anschluß an Schelling schon das Gespräch über die Poesie gelehrt hatte. Nicht Reiz und Schönheit solle man vom Kunstwerk fordern, „sondern nur die hohe, ja göttliche Bedeutung, weil es ohne diese gar kein Kunstwerk zu heißen verdient"[2]; die göttliche Bedeutung allein sei es, die die Schönheit zur Schönheit, das

---

[1] Lessing 1, 31; vgl. Poet. Taschenb. für das Jahr 1806, S. 388.
[2] Europa 2, 2, 17.

Ideal zum Ideal mache[1]. Ja, in den Vorlesungen von 1804 6 verlangt er, alle Poesie müsse mythologisch und katholisch sein, d. h. sie solle die Tradition lebendig erhalten und das zukünftige Reich Gottes verkündigen[2].

Wie für Schelling die Poesie das einzig wahre und ewige Organon der Philosophie war, so drohen auch bei Schlegel die Grenzen sich zu verwischen. „Die Philosophie ist Wissenschaft, die Poesie Darstellung des Unendlichen"[3]; die esoterische Poesie wenigstens solle die eigentlich unnatürliche und verwerfliche Trennung der Poesie und Wissenschaft wieder aufheben[4]. Die Paris-Kölner Vorlesungen bezeichnen das Schöne als „Inhalt des Gefühls oder der durch das Gefühl zum Geistigen erhobenen Anschauung" und diese geistige Anschauung sei eine Hauptquelle der Erkenntnis; „indessen ist, was hier aufgefaßt wird, noch nicht das Wahre, weil der formellen Unvollkommenheit dieser Wahrnehmung wegen diese Erkenntnis doch immer nur ein Erraten und Ahnen ist" (Vorl. 2, 46). Und ganz in demselben Sinn bezeichnet Schlegel in den Vorlesungen über Philosophie des Lebens (S. 359, vgl. 367) die Ästhetik, die aber viel richtiger Symbolik genannt werden könnte, als das Gegenstück der Logik, wenn man diese auf die ewige, mithin göttliche Wahrheit beziehe; denn auch die Schönheit bilde nur die andere bildliche Seite derselben Einen, ewigen Wahrheit[5]. Damit ist denn die Ästhetik trotz Kant und Schiller wieder zu Baumgarten zurückgekehrt, für den ja auch die Schönheit eine undeutliche Vorstufe der vernünftigen Erkenntnis war. — Mehr an Schellings Lehre vom Zusammenwirken des bewußten und bewußtlosen Ich im künstlerischen Schaffen als an den Spieltrieb Schillers erinnert es, wenn nach Schlegel das Kunstgenie auf dem harmonischen Einklang der schöpferischen Phantasie und der zart abmessenden Besonnenheit beruhen soll[6]. Dagegen liegt eine bewußte Reminiszenz an Schiller da vor, wo Schlegel den „Spieltrieb" charakterisiert

---

[1] Poet. Taschenb. 389; vgl. DNL. 143, 297, Europa 2, 1, 109. 111; 2, 2, 129. 143, Ph. d. Lebens 372 f., Ph. d. Sprache 115. 245.

[2] Vorl. 2, 244, vgl. 394. — [3] Ebd. 1, 308. — [4] Europa 1, 1, 55. — [5] Vgl. Ph. d. Sprache 114 f. — [6] Ebd. 31; doch vgl. auch Minor 1, 140, 30: Dionysos und Apollo und Lyc. 23.

(Vorl. v. 1804 6, 2, 73); ein bloßer Trieb zur spielenden zwecklosen Tätigkeit könne nur in einer verwilderten Natur stattfinden, meint er (will er damit Schiller treffen?); nur da, wo alle Fähigkeit zur zweckmäßigen Tätigkeit vorhanden sei und sich doch eine willkürliche Richtung zur spielenden Tätigkeit zeige, sei die spielende Tätigkeit offenbar über der zweckmäßigen, weil sie der Form nach unendlich sei[1].

Im Sinne Schillers lehnt Schlegel noch in den Vorlesungen der letzten Jahre ebensowohl eine äußere, praktische Zwecke verfolgende Kunst ab[2], wie er die täuschende Nachahmung und Nachbildung der Wirklichkeit und somit auch z. B. farbige Skulpturen verwirft[3] und an einer idealistischen Kunstauffassung festhält. In den älteren Vorlesungen über Literatur (2, 113f.) hatte er gemeint: was die Darstellung der Wirklichkeit betreffe, so könne der Künstler freilich auch in das Gewöhnlichste und Alltäglichste eine höhere Bedeutung und tiefern Sinn legen, doch sei die Deutlichkeit der Gegenwart für die Phantasie jederzeit beengend und beschränkend; das rechte sei, daß der Dichter in der Vergangenheit sein eigenes Zeitalter darstelle. Wenn Schlegel der allgemeinen Tendenz dieser Vorlesungen gemäß[4] dem Dichter Stoffe der Sage oder der nationalen Vergangenheit empfiehlt (2, 114f.), so war das damals (1812) wohl zeitgemäß, würde aber als allgemeine Forderung natürlich das Stoffgebiet der Kunst zu sehr beschränken; das scheint übrigens auch nicht Schlegels Meinung gewesen zu sein, da er es einmal selbst ausspricht, er sei weit davon entfernt, den nationalen Gesichtspunkt für den einzigen zu halten, aus dem der Wert einer Literatur zu beurteilen sei (Lit. 2, 93 f.).

Die sorgfältige Scheidung der verschiedenen Künste und Gattungen kann als Kennzeichen des Klassizismus gelten; Schiller und Goethe haben die Grenzen der Gattungen wiederholt erörtert, aber auch erwogen, wie sich die Schranken überwinden lassen. Schlegel hat in diesem Punkt seine Ansicht mehrfach verändert, er ist jetzt zu ungefähr demselben Resultat

---

[1]) Vgl. 2, 64 und Schiller 8, 224, s. — [2]) Ph. d. Lebens 363, Ph. d. Sprache 127. — [3]) Ph. d. Lebens 362, Europa 2, 1, 99.

[4]) Später erschien ihm die Befriedigung des Nationalruhms „armselig" (Concordia 13 f.).

gekommen wie Schiller und Goethe. Er rühmt Lessings Bestrebung, die Gattungen streng zu scheiden, da dadurch eigentlich erst der Grund zur bessern Kritik gelegt werde. In der Weltliteratur, wo der Gattungen zu viele und sie zu mannigfach modifiziert seien, sei das freilich schwieriger als bei den Alten allein; jedes Werk solle nur in seiner Art und Gattung vortrefflich sein, da es sonst ein wesenloses Allgemeinding werde, dergleichen so manche in der modernen Literatur seien[1]. In der Europa (2, 1, 115) betont er den Unterschied von Malerei und Plastik; an einer andern Stelle[2] erklärt er, obwohl sich die Grenzen von Prosa und Poesie ineinander verlören, blieben die Gattungen ewig geschieden. Im „Lessing“ (1, 334 ff.) spricht Friedrich auch über den Unterschied von Musik und Plastik, verlangt jedoch, die Trennung solle nicht das letzte sein; eben weil der Stoff der Plastik so schwer und leblos sei, sei ihr Gegenstand das Leben; wie diejenige Musik als die höhere gilt, die das Schwere und Bleibende auszudrücken suche[3]. Schlegels Versuche, ein Einteilungsprinzip der Künste und Dichtarten zu finden[4], können hier übergangen werden.

Merkwürdig ist die in den Vorlesungen über alte und neue Literatur entwickelte Theorie des Dramas (Lit. 2, 123 ff.). Schlegel unterscheidet drei Entwicklungsstufen des Dramas: auf der untersten stellt es nur die Oberfläche des Lebens dar, auf einer höheren behandelt es die Rätsel des Lebens als solche, auf der dritten will es auch die Rätsel lösen. Und diese Lösung kann wiederum eine dreifache sein: 1) der Held stürzt rettungslos in den Abgrund des Untergangs (Beispiele: die meisten Stücke der Alten, Macbeth, Wallenstein, der Faust der Volkssage), 2) das Drama erhält einen versöhnenden Schluß (Eumeniden, Oedipus auf Kolonos), 3) aus Tod und Leiden geht ein neues Leben hervor (das christliche Drama, Calderon). Nach Haym (S. 842) war hier Schelling Schlegels Vorbild, doch waren dessen Vorlesungen über Philosophie der Kunst damals

[1] Lessing 1, 33 f; ebenso Minor 2, 355, 29, wo jedoch offenbar eine Ansicht Wilhelms wiedergegeben wird; ganz anders lautet Lyc. 60. — [2] Lessing 1, 10.
[3] Dieselbe Ansicht: Ph. d. Lebens 361 und Ph. d. Sprache 127; vgl. Schiller 8, 243, 28. — [4] Ph. d. Lebens 361 ff., Ph. d. Sprache 123 ff.

nicht gedruckt; wohl aber hat Wilhelm einen Teil der Vorlesungen im Manuskript gelesen (s. o. S. 99 Anm.) und ist möglicherweise durch sie zu den Ausführungen in der *Comparaison entre la Phèdre de Racine et celle d'Euripide* angeregt worden, und unter dem Einfluß dieser Abhandlung[1] ist Friedrichs Theorie offenbar entstanden[2].

Eine späte Nachwirkung Schillers erkennen wir in einer geschichtsphilosophischen Idee, die die letzten Vorlesungen Friedrich Schlegels beherrscht. Er ist der Meinung, daß der Mensch gleich von Anfang an aus seiner ursprünglichen Harmonie heraus in den Zwiespalt gefallen sei, und hält es für die Aufgabe der Philosophie, die Wege der Rückkehr zu finden zu der verlornen, uns jetzt abhanden gekommenen ursprünglichen Harmonie in unserm Innern oder auch die Mittel zur Wiederherstellung eines lebendig vollständigen Bewußtseins und einer mehr harmonischen Zusammenwirkung der sonst getrennten einzelnen Geistes- oder Seelenvermögen desselben[3]. Hat diese Ansicht jetzt auch einen vorwiegend religiösen Sinn erhalten, so gehört doch auch die Kunst zu den Mitteln, die Einheit des Bewußtseins wiederherzustellen[4]. Ist die Harmonie auch seit dem Sündenfall gestört, so meint Schlegel doch auch, die Griechen hätten in der Kunst die innere Harmonie noch am meisten erreicht[5], während im späteren Mittelalter die vorwaltende Kraft der Phantasie ein Zeichen der Auflösung der innern Harmonie sei[6].

Nur von seiten der Kunst und Literatur erscheint ihm jetzt die griechische Kultur als unvergleichlich. Aufrichtige Bewunderung für die griechische Dichtung zeigt sich in den Vorlesungen über alte und neue Literatur, und noch in der Philosophie der Geschichte (1, 285) heißt es: „Es hat noch keine Nation die Lieblichkeit und Anmut des Homer, die Erhabenheit des Aeschylos und den schönen Adel des Sophokles erreichen mögen und vielleicht ist es schon unrecht, nur darnach streben zu wollen,

---

[1]) Vgl. bes. Oevvres 2, 387 f. 390. 393 f.

[2]) Eine Parallele aus Schillers Aufsatz über tragische Kunst (8, 40, 27) ist gleichfalls oben S. 100 angeführt.

[3]) Ph. d. Sprache 25 f., Ph. d. Gesch. 1, 156. 235.

[4]) Ph. d. Sprache 31. — [5]) Ph. d. Gesch. 1, 288. — [6]) Ebd. 2, 154.

da sich das wahrhaft Schöne und Große doch nie auf dem Wege der Nachahmung erreichen läßt". Aber dieses ewig denkwürdige und große Schauspiel heißt jetzt auch „unermeßlich fruchtbar im Guten wie im Bösen" (Lit. 1, 26); Schlegel sieht das Altertum durch eine gefärbte Brille. Schon ein Fragment aus dem Jahr 1806[1] erklärt den frühen Fall der Kultur der Griechen damit, daß es ihnen am besten Teil, an Religion, gefehlt und stellt das deutsche Mittelalter höher als „jene älteste noch heidnische Zeit". Sowohl die Vorlesungen über Literatur (1812) wie die über Philosophie der Geschichte (1828) betonen die Unsittlichkeit der Griechen und ihre viel zu materielle Ansicht von der Welt, dem Menschen und Gott[2], doch lautet das spätere Urteil milder. Jetzt gibt Schlegel auch zu, was Schiller früher gegen ihn geltend gemacht hatte[3], daß es den Geisteswerken der Griechen wegen der niedrigen Stellung der Frau an der „Blüte der feinen Sitte und weiblichen Zartheit" fehle[4].

Der Begriff der romantischen Poesie, wie ihn Schlegel zuerst in seiner Abhandlung über das Studium der griechischen Poesie zu bestimmen versucht hatte, zeigte anfangs manche Verwandtschaft mit der Charakteristik der sentimentalischen Dichtung bei Schiller. Ja, noch im Gespräch über die Poesie waren Anklänge daran zu spüren, wenn auch die Beziehung auf historische Fakta immer mehr die aprioristische Fassung verdrängte. „Alles was wir in Dichtungen, Begriffen und Gefühlen romantisch nennen" wird jetzt auf das Verschmelzen der alten deutschen Götterlehre mit dem Christentum zurückgeführt[5], ja das Romantische geradezu als „die eigentümlich christliche Schönheit und Poesie" bezeichnet (Lit. 2, 129) und in diesem Sinn sollte alle Poesie romantisch sein. „Es beruht allein auf dem mit dem Christentum und durch dasselbe auch in der Poesie herrschenden Liebesgefühl, in welchem selbst das Leiden nur als Mittel der Verklärung erscheint, der tragische Ernst der alten Götterlehre und heidnischen Vorzeit in ein heiteres Spiel der Phantasie sich auflöst und dann auch unter den äußern Formen der Darstellung und der Sprache solche gewählt werden, welche jenem inneren

---

[1]) Vorl. hrsg. v. Windischmann 2, 444.   [2]) Lit. 1, 50. 55, Ph. d. Gesch. 1, 286 f. 294 f. — [3]) Vgl. oben S. 24.   [4]) Lit. 1, 19; Ph. d. Sprache 195.   [5]) Gesch. 53.

Liebesgefühl und Spiel der Phantasie entsprechen" (Lit. 2, 128 f.).
So verstanden streite das Romantische auch mit dem Antiken
nicht und die homerischen Gesänge z. B. seien durchaus romantisch; nur dem „unter uns fälschlich wieder aufgestellten Anti-
kischen" und dem Modernen, das sich ganz an die Gegenwart anschließt und in die Wirklichkeit einengt, sei es entgegengesetzt[1].
Nach einer andern Stelle besteht im christlichen Geist, dem
nationalen Gehalt und dem Wunderbaren, dem eigentlich freien
Spielraum der Phantasie, der höhere Wert des Romantischen[2].
Nur warnt Schlegel jetzt davor, bloß die spielende Seite des
Romantischen zu ergreifen und fordert daneben Tiefe, Ernst
und Größe; aus diesem Grunde gilt ihm jetzt Shakespeare[3]
als Repräsentant der rechten Art des Romantischen[4]. Es ist
wohl zum Teil die Schuld dieser immer aufs neue versuchten
und immer anders gewandten Begriffsbestimmungen des Romantischen, daß das Wort noch heute eine so vage Bedeutung hat
und in so verschiedenem Sinne gebraucht wird; eine präzise
Ausdrucksweise hat Schlegel nie besessen und deshalb auch
einem Hauptbegriff seiner Lehre keinen unzweideutigen Sinn zu
geben verstanden.

Ich sehe davon ab, die literarischen Einzelurteile Schillers
und Schlegels zu vergleichen, und schließe dieses Kapitel mit
einer Zusammenstellung der wichtigeren Urteile Friedrichs
über Schiller aus den Jahren 1802—1829. Da ist zu-

---

[1]) Lit. 2, 130; vgl. DNL. 143, 399, wo der bestimmende Einfluß der Theorie
als unterscheidendes Merkmal der modernen Poesie gilt, die von der romantischen durch eine große Kluft getrennt sei.

[2]) Lit. 1, 283; vgl. 2, 316 u. Ph. d. Gesch. 2, 157.

[3]) Obwohl Schlegel an seiner mehr historischen Auffassung festhält, nähert
sich seine Charakteristik Shakespeares (Lit. 2, 137), in der er dessen Objektivität
und Wahrheit betont, dem Bilde, das Schiller von ihm entworfen, und wider-
ruft zum Teil, was er früher (s. o. S. 22 f.) über Shakespeare gesagt. An Schiller denkt
er übrigens wohl, wenn er meint, Shakespeare sage den Antikgesinnten unter
den neuern Dichtern am meisten zu (Museum 1, 448), ebenso, wenn er daran
erinnert, daß man oft die sentimentale Schwermut Ossians als die eigentümliche Gefühlsweise der neuern Europäer der heitern Darstellung des Homer
gegenübergestellt habe (ebd. 1, 167; vgl. Schiller 8, 329 Anm.) Endlich sei
noch hervorgehoben, daß es zu Schillers Ansicht stimmt, wenn Schlegel den
Vorzug der deutschen Literatur am Ende des 18. Jahrhunderts mehr in ihrem
Ideenreichtum als in Kunstvollendung sieht (Lit. 2, 307).

[4]) Deutsches Museum 1, 449 f.

nächst zu betonen, wie ganz anders das klingt, was er öffentlich über Schiller äußert, als was er gegen gute Freunde ausspricht oder in geheimgehaltenen Verslein zum Ausdruck bringt. Dort strebt er sichtlich, dem Gegner gerecht zu werden, lobt auch gelegentlich, während hier der Haß in unverminderter Stärke spricht. Am 8. Februar 1802 spottet er gegen Rahel Levin, daß die Anempfinder immer auf das fielen, was ihnen am fremdesten sei, wie der „bleierne moralische Schiller auf das Romantische, Phantastische, Tieck, Genoveva"[1], und am 1. April schickt er ihr „gereimte und ungereimte Scherze" gegen Schiller, die Boas[2] veröffentlicht hat. Hier eine Probe:

> Welches Schicksal! Er heißt Piccolomini; dennoch ist keiner
> Piccol uomo so sehr, als der es pickelte selbst.

Von derselben Art sind die Distichen auf Macbeth und Turandot, die Friedrich seinem Bruder sendet[3]; diesen fragt er auch: „Was macht Schiller? Schülert er noch so? Wird er von Euch noch mit derselben unglaublichen Toleranz behandelt?" und später erkundigt er sich bei Wilhelm, ob die Braut von Messina ionisch oder alarkisch sei[4]. Für verloren hielt Haym (S. 892) ein „drolliges Lied auf Schillers Tragödik", das Schlegel gegen Schleiermacher erwähnt[5]; es ist gewiß identisch mit dem Lied vom Schicksal", von dem Friedrich seinem Bruder meldet, es sei nicht ohne Geschwister[7]. Einige Verse seien daraus angeführt:

> Zwischen Pflicht und dem Gefühle
> Muß der Mensch verlegen stehn,
> Oder schlau durch beide gehn
> In der Tugend Zwickemühle.
> Wahrlich, hart auf tragschem Pfühle
> Ruht, wer im Theatersaale
> Dichten muß von dem Schicksale.

Eines der genannten „Geschwister" mag das Gedicht „Kunst-Orakel"[ ] sein, in dem sich Schlegel also vernehmen läßt:

---

[1] Galerie v. Bildnissen aus Rahels Umgang u. Briefw. I, 230.

[2] Schiller und Goethe im Xenienkampf 2, 266. — [3] Walzel 509.

[4] Ebd. 509. 520. — [5] Jonas-Dilthey 3, 257. — [6] Werke 9, 51; vgl. an Sulpiz Boisserée 8. Jan. 1812, S. Boisserée 1, 161.

[7] Walzel 485. [8] Werke 9, 48.

> Vom Macbeth hat der Wallenstein am meisten,
> Scheint dann an Tiecks Rotkäppchen sich zu schließen,
> Weil da das Schicksal auch so zart behandelt.
> Nur daß es gotisch, muß mich sehr verdrießen.
> So bleiben die Bizarren nie beim Leisten,
> Bis das Genie in Tollheit sich verwandelt.

Sehr peinlich berührt war Schlegel, als durch eine Indiskretion Adam Müllers die Kunde von solchen gegen Schiller gerichteten Versen an die Öffentlichkeit drang (DNL. 143, 413f.), um so mehr, als er ängstlich bemüht war, in seinen Zeitschriften schroffe Urteile zu vermeiden.

In der Europa sagt er von der Jungfrau von Orléans, es sei ein Verdienst, diesen Stoff gefunden und gewählt zu haben, die Abweichungen von der Geschichte seien in der Manier des Dichters begründet und dürften nicht mißbilligt werden[1]; in den Heidelberger Jahrbüchern läßt er mit dem vereinigten Wiederauftreten Goethes und Schillers eine neue Epoche beginnen und rühmt den Tell, Schillers letztes und vortreffliches Werk, das alle seine vorigen übertraf und krönte[2].

In den Vorlesungen über neuere Geschichte erwähnt Schlegel bei Gelegenheit der Jungfrau von Orléans, daß „ein vortrefflicher deutscher Dichter“ den Stoff behandelt habe, fügt aber hinzu, daß die Wahrheit der Geschichte über der poetischen Darstellung stehe (S. 239). Wiederholt kommt Friedrich natürlich in den Vorlesungen über alte und neue Literatur auf Schiller zu sprechen, wobei er ihn gern „unsern“ Schiller nennt[3]. In den Jugendwerken findet Friedrich einen gewaltsamen Zustand inneren Kampfes, einen Unglauben — hier zeigt sich der beschränkte Standpunkt —, der aber bei solchem hohen Ernst und glühendem Feuer in einem jugendlichen Geist nicht sowohl Tadel verdiene, als Mitgefühl errege (Lit. 2, 302f.). Er würdigt den Fortschritt im Carlos, worin Schiller den verführerischen Vorteil des allgemeinen Beifalls seinem dauernden Ruhm zum Opfer brachte, feiert den Dichter als den wahren Begründer unserer Bühne, wozu ihm seine leidenschaftliche Rhetorik zustatten gekommen sei, schließt dann aber mit dem bereits zitierten

---

[1]) Europa 1, 1, 58. — [2]) DNL. 143, 416. 371; vgl. 372. 389. 400. 417.
[3]) 2, 69; ebenso: Deutsches Museum 1, 192, „unser Wallenstein“ ebd. 2, 276.

Satz: „Er ist durchaus im Zweifel stehen geblieben, daher weht uns selbst aus seinen edelsten und lebendigsten Werken bisweilen der Hauch einer innern Kälte entgegen" (Lit. 2, 318 f.). Die philosophischen und historischen Studien seien der Kunst Schillers zugute gekommen, da dramatische Vortrefflichkeit für uns nur durch Gedankentiefe und historischen Gehalt erreichbar sei (Lit. 2, 319). Ein Zusatz in den Werken (2, 317) tadelt den heidnischen Fatalismus und die falsche Charaktergröße in Schillers Dramen.

In den Jahren 1812—1829 findet sich kaum noch Schillers Name in Schlegels Briefen und Schriften, nur gelegentlich begegnet ein Zitat aus Gedichten „eines unserer berühmten Dichter". Mit gewissen Einschränkungen eignet er sich das Wort an: „Die Weltgeschichte ist das Weltgericht"[1], mit besonderer Vorliebe aber beruft er sich[2] auf die Verse aus den Künstlern:

> Dein Wissen teilest du mit vorgezognen Geistern,
> Die Kunst, o Mensch, hast du allein,

um daran Betrachtungen über den Unterschied der Menschen und der „vorgezognen Geister" zu knüpfen. Wo man in der Philosophie der Geschichte eine Würdigung oder wenigstens Erwähnung Goethes und Schillers erwartet — werden doch z. B. Dante und Shakespeare genannt —, da erklärt Schlegel, die ganze ästhetische Seite der deutschen Literatur sei für den allgemeinen europäischen Standpunkt von nicht so nahem Interesse (2, 313). — Am 11. Januar 1829 ist Friedrich Schlegel in Dresden gestorben, wo er weilte, um seine Vorlesungen über Philosophie der Sprache und des Worts zu halten.

Es ist ein unerfreulicher Abschluß, den die sprunghafte, an Überraschungen reiche Entwicklung Friedrichs gefunden hat. Sucht man nach dem tiefsten Grund dafür, so wird man ihn in der innern Haltlosigkeit und dem Mangel an strenger Selbstzucht finden, und eben darauf beruht denn auch im Grunde der wesentliche Gegensatz von Schiller und Friedrich Schlegel. Die persönlichen und sachlichen Differenzen sind erst die Folgen der so verschieden gearteten Persönlichkeiten: dort ein

---

[1] Ph. d. Lebens 225. — [2] Ph. d. Lebens 27. 62, Ph. der Sprache 29. 42.

unablässiges Streben nach immer höhern Zielen, ein ernstes Arbeiten an sich selbst, hier ein leichtfertiges Hin und Her ohne eine feste Grundlage, ohne ein klar erkanntes Ziel. Oder ist es nicht leichtfertig, wenn Schlegel schreibt: „Es tut not, daß ich einmal Objektivitätslärm schlage"[1], nachdem er kaum zwei Jahre zuvor über die Objektivitätswut seiner frühern philosophischen Musikalien gespöttelt (Lyc. 66) und erst ganz kürzlich beklagt hatte, daß Schleiermacher sich nicht von den Schlingen der Antike befreien könne[2]? Ist es nicht leichtfertig, wenn er gegen Schleiermacher bekennt: „Noch ein Grund, warum ich es besonders schicklich finde, den Böhme zu predigen, ist, daß sein Name schon den größten Anstoß bei den Philistern erregt; kein andrer kann mehr polemische Energie haben"[3]? Die Geister, die er rief, ward er nicht mehr los.

Was die Brüder Schlegel für die Aneignung fremder Literaturen, die Wiederbelebung altdeutscher Kunst und Dichtung, für die Erweiterung und Vertiefung der historischen Wissenschaften, insbesondere der Literaturgeschichte geleistet haben, soll ihnen unvergessen bleiben. Ebensowenig aber darf man vor den unheilvollen Folgen ihrer Wirksamkeit die Augen verschließen. Im Kampf gegen die platte Nüchternheit einer Zeit, die sich selbst überlebt hatte, gingen sie freilich mit Goethe und Schiller Hand in Hand. Während diese aber nur gewisse Beschränktheiten der Aufklärung bekämpften, wurde für die Schlegel — und man kann wohl sagen, für die ältere romantische Schule überhaupt — der Kampf Selbstzweck. Weil es ihnen an einem soliden Fundament, sowie an einem klar erkannten und stetig verfolgten Ziel fehlte, verfielen sie dabei aus einer Einseitigkeit in das entgegengesetzte Extrem. Sie wollten die Kunst von lehrhaften und moralisierenden Tendenzen befreien und sie gefährdeten durch ihr Bestreben, alles zu „poetisieren", die Autonomie von Wissenschaft und Sittlichkeit. Indem sie die Forderungen eines nüchternen Naturalismus ab-

---

[1] Waitz, Karoline 1, 246. — [2] An Karoline, Anf. Dez. 1798 (ebd. S. 232).
[3] Jonas-Dilthey 3, 193.

lehnten, ließen sie sich zu einer übertriebenen Wertschätzung bloßer Phantasiespiele verführen, und indem sie die Souveränität des Künstlers gegenüber seinem Stoff betonten, führten sie mit der Ironie ein kunstzerstörendes Element ein. Die Rechtfertigung der „finstern Zeiten" des Mittelalters wurde unter ihren Händen bald zur unbedingten Verherrlichung, die Bekämpfung des Rationalismus leistete einem trüben Mystizismus Vorschub. Die anfangs rein doktrinäre Verherrlichung des Katholizismus hatte eine Stärkung antinationaler, ultramontaner Tendenzen zur Folge, wie sich aus dem Historismus reaktionäre Bestrebungen entwickelten.

So konnte es geschehen, daß einer späteren Zeit Romantik und Reaktion gleichwertige Begriffe wurden.

I. Personenverzeichnis.

Aeschylos 94. 110. 118. 119.
Ariost 95. 96. 111.
Aristophanes 23. 24. 31. 89. 90.

Baader, F. v. 84.
Baumgarten, A. G. 5. 9. 11. 15. 81. 116.
Böckh, A. 26.
Böhme, Jacob 70. 109. 125.
Bouterweck, F. 9.
Bürger, G. A. 9. 38—41. 77. 82. 103.
104 (Anm. 1).
Burke, E. 81.
Byron 114.

Calderon 99. 110. 118.
Cervantes 51. 73.
Consalvi, Kardinal 113.
Cotta, J. F. 46. 79.
Crébillon, C. P. J. de 85.

Dalberg, K. Th. v. 10.
Dante 41. 124.
Dürer 70. 97.

Euripides 94.

Fichte, J. G. 27. 29. 65. 66. 107. 109.
Forster, G. S. 9. 11. 13. 55.
Fouqué, F. de la Motte 101.
Funck, K. W. F. 105.

Garve, Ch. 5. 16.
Gessner, Salomon 51.
Göschen, G. J. S.
Goethe 15. 17. 23. 33. 36. 44. 48. 52. 56.
59. 60. 62. 65. 66. 69. 70. 74—76. 78.
81. 82. 85. 96. 103. 104. 105. 112. 115.
117. 118. 123—125.
Gries, J. D. 75.
Grillparzer, F. 113.

Hamann, J. G. 112.
Hardenberg, F. v. (Novalis) 40. 69. 97.
107.
Hardenberg, K. G. A. v. (Rostorf) 98.
Hemsterhuys, F. 29. 100.

Herder 3 (Anm. 2). 5—8. 11. 13. 16. 21.
32. 41. 52.
Herodot 53.
Heydenreich, K. H. 8.
Hirt, A. L. 75.
Homer 2 (Anm. 6). 7. 23. 52. 95. 96. 119.
121.
Hottinger, J. J. 31.
Humboldt, Wilhelm v. 1. 9—10. 12. 14
—16. 22. 24. 27. 47. 75. 78. 112.

Iffland 96 (Anm. 4).

Jacobi, F. H. 33. 54. 85.
Jenisch, D. 75.

Kant 2. 21. 27. 29—31. 41. 49. 59. 60.
80—83. 88. 89. 103. 106. 110. 112. 115.
116.
Klopstock 16. 40. 41. 82. 96 (Anm. 4.
97.
Körner, C. G. 2 (Anm. 6). 10—12. 21.
33. 35. 40. 79. 96. 105. 112.
Körner, Th. 112 (Anm. 3).
Kotzebue 75. 96 (Anm. 4).

Lafontaine, August 76.
Leibniz 5. 9. 11. 15.
Lessing 4. 8. 16. 22. 55. 94. 109. 112.
118.
Levin, Rahel 122.
Luther 70. 112.
Lykurg 24.

Matthisson, F. v. 75.
Mendelssohn, Moses 6.
Metternich 113.
Milton 97.
Mörike, E. 104 (Anm. 2).
Montmorency, Mathieu de 98.
Müller, Adam 112. 123.
Müller, Johannes v. 102.

Nast, J. J. H. 24.
Novalis s. Hardenberg, F. v.

Ossian 6. 121 (Anm. 3).

128   I. Personenverzeichnis.

Ovid 94. 96 (Anm. 4).

Pape, V. 40.
Parny, E. D. de 76.
Paulus, Karoline 108.
Petrarca 73.
Plato 29. 110.
Properz 94.
Pulci, L. 111.

Ramdohr, F. W. B. v. 75.
Reichardt, J. F. 35. 56.
Rostorf s. Hardenberg, K. G. A. v.
Rousseau, J. J. 7. 41.

Sachs, Hans 70.
Schelling 70—72. 74. 82. 83. 85. 87. 99
   (Anm. 4). 106. 107. 115. 116. 118.
Schiller s. Verzeichnis II.
Schlegel, August Wilhelm s. Verzeich-
   nis II.
Schlegel, Caroline 50. 53. 75. 99.
Schlegel, Friedrich s. Verzeichnis II.
Schlegel, Joh. Adolf 7. 30 (Anm. 1).
Schlegel, Joh. Elias 4. 16.
Schleiermacher, F. 69. 70. 74. 80. 83.
   84. 98. 107. 109. 122. 125.

Shakespeare 6. 15. 18. 22. 23. 26. 44
   —46. 73. 94—96. 99. 101. 102. 118.
   121. 123. 124.
Sokrates 65.
Solon 24.
Sophokles 6. 22. 23. 28. 31. 76. 94. 118.
   119.
Spinoza 72. 73.
Staël, Anne Germaine de 98—100. 109.
Sulzer, J. G. 6.

Tasso 73.
Tieck, Ludwig 51. 59. 75. 77—79. 104.
   122. 123.

Vergil 94.
Voltaire 85. 99.
Voss, J. H. 75. 88.

Wieland 12. 85.
Winckelmann 3. 4. 7. 8. 13. 16 (Anm. 2).
   21. 70. 76. 111.
Windischmann, C. H. J. 106.
Wolf, F. A. 10. 12.
Wolzogen, Caroline v. 104.

Young 7.

Zelter, K. F. 105.

II. Verzeichnis der besprochenen Schriften von Schiller, August Wilhelm und Friedrich Schlegel.

a. Schiller.

Briefe über die ästhetische Erziehung
   2. 13. 19 (Anm. 2). 20. 27 (Anm. 1).
   28. 42. 52. 64. 67. 92.

Der Geisterseher 37. 48.
Die Braut von Messina 101. 102. 122.
Die Horen 1. 19. 33. 35. 36. 40. 41. 46.
   47. 75.
Die Jungfrau von Orléans 101. 123.
Die Phönizierinnen 38.
Die Räuber 101. 103.
Don Carlos 37. 38. 101. 103. 123.

Gedichte 41. 48. 75. 82. 103. — An
   Goethe 50. Das Ideal und das Leben
   47. 48. 64. Das Lied von der Glocke
   75. Der Dichter an seine Kunstrichterin 32. Der Spaziergang 47.
   48. 52. Der Tanz 43. Deutsche Größe
   97. Die Antike an den nordischen
   Wanderer 48. 52 (Anm. 2). Die Antiken zu Paris 52 (Anm. 2). Die
   Götter Griechenlands 11. Die Ideale
   34. Die Kraniche des Ibykus 53.

Die Künstler 11. 38. 43. 52. 82. 124.
Pegasus im Joche 34. Resignation
37. 48. Würde der Frauen 24. 34.
Xenien 22 (Anm. 2). 35. 54. 55. 76. 94.

Iphigenie in Aulis 37.

Macbeth 102. 122.
Maria Stuart 75. 101.
Merkwürdige Rechtsfälle (nach Pitaval)
   48.

Musenalmanache 29. 34. 41. 43. 46. 52.
   79.

Philosophische Briefe 37.

Randnoten zu Humboldts Aufsatz
   „Über das Studium des Altertums“
   11. 24.

Thalia (Neue Thalia) 8. 19. 27 (Anm. 1).
   37. 40.
Turandot 122.

Über Anmut und Würde 12. 20. 27. 41.
   62. 92.

Über Bürgers Gedichte 32. 39. 77.
Über das Erhabene 89.
Über das Pathetische 88.
Über den Gebrauch des Chors in der antiken Tragödie 50.
Über den moralischen Nutzen ästhetischer Sitten 27. 63.
Über die notwendigen Grenzen beim Gebrauch schöner Formen 60. 63.
Über die tragische Kunst 12. 27. 99.
Über Matthissons Gedichte 2 (Anm. 6). 48. 75. 82.
Über naive und sentimentalische Dichtung 1. 2. 13. 16. 17. 19 (Anm. 2). 24. 25. 27 (Anm. 1). 29. 41. 44. 48. 51. 82. 93—96. 101.

Versuch über den Zusammenhang der tierischen Natur des Menschen mit seiner geistigen 11.

Wallenstein 45. 50. 54. 75. 82. 101. 118. 122. 123.
Was kann eine gute stehende Schaubühne eigentlich wirken? 37.
Wilhelm Tell 101. 102. 123.

b. August Wilhelm Schlegel.

Athenäum 26. 56. 69. 74. 75. 77. 79.

Berichtigung einiger Mißdeutungen 103.
Briefe über Poesie, Silbenmaß und Sprache 41—44. 92.

Charakteristiken und Kritiken 72. 74. 77.
Comparaison entre la Phèdre de Racine et celle d'Euripide 99. 119.
Considérations sur la civilisation 99.

Ehrenpforte und Triumphbogen für Kotzebue 75. 78.
Etwas über William Shakespeare 44.

Fastnachtsspiel vom alten und neuen Jahrhundert 97.

Gedichte 79. — An einen Kunstrichter 39. 40. Arion 53. Die entführten Götter 52. 53. Elegie über die Kunst der Griechen 78. Kampaspe 52. Prometheus 52. 53. Pygmalion 52. Scherzgedichte 75. 104. Zueignung des Trauerspiels Romeo und Julia 53.

Ion 78. 122.

Kritische Jahrbücher der deutschen Literatur 75. 77. 79.

Kritische Schriften 103.

Literarischer Reichsanzeiger 78.

Musenalmanach für das Jahr 1802 78—80.

Rezensionen 37. 38. 46—52. 75. 78. 87. 105. Über Bürger 38. Forster 9. Goethe 52. K. G. A. v. Hardenberg 98. Parny 76. 89. Schiller 37. 38. 43. 46. 82.

Shakespeare-Übersetzung 45. 46.

Über Bürgers Werke 77.
Über Dante 40. 41.
Über Shakespeares Romeo und Julia 44. 45.

Vorlesungen über dramatische Kunst und Literatur (Wien 1807/8). 89 (Anm. 3). 92. 100—102.
Vorlesungen über schöne Literatur und Kunst (Berlin 1801/4) 79—97. 99. 100. 102.
Vorlesungen über Theorie und Geschichte der bildenden Künste (Berlin 1827) 93. 102. 103.

c. Friedrich Schlegel.

Alarcos 27. 74. 78. 122.
Athenäum s. A. W. Schlegel.

Cäsar und Alexander 35.
Charakteristiken und Kritiken s. A. W. Schlegel.
Concordia 113.

Deutsches Museum 111.

Elegieen aus dem Griechischen 26.
Europa 109. 118. 123.

Fragmente 56—69. 77.

Gedichte 79. 111. — Das tragische Schicksal 122. Kunst-Orakel 122. 123.
Georg Forster 55.
Geschichte der alten und neuen Literatur 111. 112. 117. 119. 120. 123.
Geschichte der Poesie der Griechen und Römer 26.
Gespräch über die Poesie 70—73. 120.

Ideen 70.
Idyllen aus dem Griechischen 26.

Jacobis Woldemar 33. 73.

Kritische Jahrbücher s. A. W. Schlegel.

Lessings Gedanken und Meinungen 109. 118.
Lucinde 59. 63. 64. 76. 78. 85. 110.

Nachricht von den poetischen Werken des Johannes Boccaccio 74.

Philosophie der Geschichte 113. 119. 120. 124.
Philosophie des Lebens 113. 116.
Philosophische Vorlesungen aus den Jahren 1804—1806 109. 110. 116.
Philosophische Vorlesungen, insbesondere über Philosophie der Sprache und des Wortes 113. 124.

Rezensionen 110. 111. 123. — Über

Bürger 9. Condorcet 21. Goethe 62. Schiller 19. 24. 27 (Anm. 1). 29. 34—36. 55. 63.

Über das Studium der griechischen Poesie 1. 2. 18—20. 25. 27. 30. 35. 57. 76. 120.
Über die Diotima 19 (Anm. 2). 63.
Über die Grenzen des Schönen 19 (Anm. 2). 20. 28. 29.
Über die neuere Geschichte 111. 123.
Über Lessing 55. 72.

Vom ästhetischen Werte der griechischen Komödie 19. 23. 89.
Vom Wert des Studiums der Griechen und Römer 19 (Anm. 2). 21.
Von den Schulen der griechischen Poesie 16 (Anm. 2). 19 (Anm. 3).